श्रीहरिकोटा
द्वीप से स्पेस पोर्ट तक

AF539116

अनूप कुमार गुप्ता

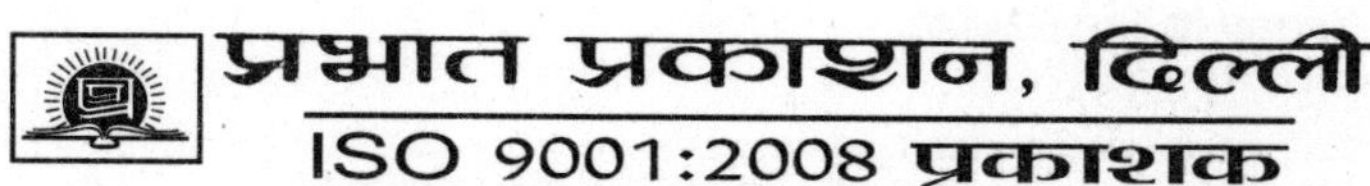

प्रकाशक • **प्रभात प्रकाशन**
4/19 आसफ अली रोड,
नई दिल्ली–110002
सर्वाधिकार • सुरक्षित
संस्करण • प्रथम, 2018
मूल्य • पाँच सौ रुपए
मुद्रक • दीप कलर स्कैन (प्रा॰) लि॰, दिल्ली

SRIHARIKOTA DWEEP SE SPACE PORT TAK

by Anoop Kumar Gupta ₹ 500.00

Published by Prabhat Prakashan, 4/19 Asaf Ali Road, New Delhi-2

e-mail: prabhatbooks@gmail.com ISBN 978-93-5266-457-3

भारत सरकार
अंतरिक्ष विभाग
सतीश धवन अंतरिक्ष केंद्र शार
श्रीहरिकोटा रेंज डा.घ.-524 124
श्री पोट्टि श्रीरामुलु नेल्लूर जिला (आं.प्र.) भारत
टेलीफोन : + 91- 8623 - 225050
+ 91 - 44 - 25364450
फैक्स : + 91 - 8623 - 225152
इ-मेल : director@shar.gove.in

इसरो isro

Government of India
Department of Space
Satish Dhawan Space - Centre SHAR
Sriharikota Range P.O. - 524 124
Sri Potti Shreeramulu Nellore Dist. (A.P.) India
Telephone : + 91 - 8623 - 225050
+ 91 - 44 - 25364450
Fax : + 91 - 8623 - 225152
E-mail. : director@shar.gove.in

पी. कुन्हीकृष्णन P. Kunhikrishnan
निदेशक Director

संदेश

श्रीहरिकोटा में स्थित 'सतीश धवन अंतरिक्ष केंद्र, शार', भारतीय अंतरिक्ष अनुसंधान संगठन (इसरो) का एक अग्रणी केंद्र है। भारत के सभी उपग्रह प्रमोचनयानों का प्रमोचन इसी केंद्र से किया जाता है। इस केंद्र को भारत के स्पेस पोर्ट के नाम से भी जाना जाता है। वर्तमान में श्रीहरिकोटा के इस विकसित रूप को देखकर यह पता लगाना आसान नहीं है कि विकास की मुख्य धारा से दूर यह स्थान कभी एक सामान्य सा द्वीप मात्र था। श्रीहरिकोटा का इतिहास, इसकी प्राचीन धरोहर, आदिवासियों का रहन-सहन, इसके विशाल जंगल और वनस्पतियों इत्यादि की जानकारी बहुत ही सीमित है। इसीलिए श्रीहरिकोटा के बारे में राजभाषा हिंदी में एक पुस्तक का लिखा जाना बहुत ही कौतूहलकारी है।

श्री अनूप कुमार गुप्ता के प्रयास और लगन के फलस्वरूप ही 'श्रीहरिकोटा—द्वीप से स्पेस पोर्ट तक' नामक पुस्तक को लिखा जा सका है। यह पुस्तक निश्चित रूप से श्रीहरिकोटा के एक द्वीप से स्पेस पोर्ट के रूपांतरण को प्रकट करती है। साथ-ही-साथ यह पुस्तक यहाँ पर स्थित सतीश धवन अंतरिक्ष केंद्र, शार की स्थापना, क्रमबद्ध विकास और वर्तमान में उपस्थित अंतरिक्षयान प्रमोचन से संबंधित अत्याधुनिक सुविधाओं व तकनीक के बारे में भी ज्ञान प्रदान करती है।

मैं श्री अनूप कुमार गुप्ता को बधाई देता हूँ कि उन्होंने ऐतिहासिक तथा तकनीकी दोनों दृष्टियों से अपने हाथ में लिया हुआ कार्य कुशलता से पूरा किया है। नि:संदेह, श्रीहरिकोटा भारत का एक गौरवशाली स्थान है और यह भावना श्री अनूप कुमार गुप्ता की इस पुस्तक से भलीभाँति झलकती है।

कुन्हीकृष्णन
(पी. कुन्हीकृष्णन)

निदेशक, एस.डी.एस.सी.-शार, श्रीहरिकोटा

भारत सरकार
अंतरिक्ष विभाग
सतीश धवन अंतरिक्ष केंद्र
शार
श्रीहरिकोटा रेंज डा.घ.-524 124,
नेल्लूर जिला (आं.प्र.) भारत
टेलीफोन : +91-8623-245060 (10 जं)
फैक्स : +91-8623-225160

Government of India
Department of Space
Satish Dhawan Space Centre
SHAR
Sriharikota Range P.O. - 524 124,
Nellore Dist. (A.P.) India
Telephone : +91-8623-245060 (10 Lines)
Fax : +91-8623-225160

जे.वी. राजा रेड्डी, आई.टी.एस. / J.V. Raja Reddy, I.T.S.
नियंत्रक / Controller

संदेश

भारत के अंतरिक्ष कार्यक्रम में सतीश धवन अंतरिक्ष केंद्र शार अपनी अहम भूमिका निभा रहा है। श्रीहरिकोटा नामक एक द्वीप को विश्व के एक अति उन्नत स्पेस पोर्ट के रूप में स्थापित करने की यह यात्रा निश्चित रूप से बहुत ही रोचक है। इसमें भारतीय अंतरिक्ष वैज्ञानिकों के दृढ़-संकल्प एवं तकनीकी परिपक्वता का आभास होता है।

भारतीय अंतरिक्ष कार्यक्रम को साकार करने में सतीश धवन अंतरिक्ष केंद्र शार, श्रीहरिकोटा नामक द्वीप को स्पेस पोर्ट के रूप में परिवर्तित करने का वैज्ञानिकों के प्रयासों एवं उपलब्धियों को जन साधारण तक पहुँचाने के लिए देश के अधिकतर भागों में बोली एवं समझी जानेवाली हिंदी भाषा में एक पुस्तक अपेक्षित थी।

आशा करता हूँ कि श्री अनूप कुमार गुप्ता द्वारा लिखी गई यह पुस्तक 'श्रीहरिकोटा—द्वीप से स्पेस पोर्ट तक' हिंदी भाषा के माध्यम से राष्ट्र की आम जनता के संज्ञान में लाना एक कारगर कदम होगा, जो हमारी सफलताओं के प्रचार हेतु व्यापक मंच प्रदान करेगा और साथ ही यह पाठकों के लिए बहुत ही उपयोगी सिद्ध होगी।

इस दिशा में श्री अनूप कुमार गुप्ता को उनके इस प्रयास के लिए मैं शुभकामनाएँ देता हूँ।

जेवि राजा रेड्डि

(जे.वी. राजा रेड्डी)
नियंत्रक, एस.डी.एस.सी. शार

भारतीय अंतरिक्ष अनुसंधान संगठन Indian Space Research Organisation

आभार

लेखक आभारी है।

श्री पी. कुन्हीकृष्णन, निदेशक, सतीश धवन अंतरिक्ष केंद्र—शार, श्रीहरिकोटा, जिन्होंने पुस्तक को प्रकाशित करने की अनुमति प्रदान की तथा आवश्यक सहयोग प्रदान किया।

श्री जे.वी. राजा रेड्डी, नियंत्रक, सतीश धवन अंतरिक्ष केंद्र—शार, श्रीहरिकोटा, जिन्होंने प्रोत्साहन, मार्गदर्शन तथा आवश्यक आधिकारिक सहयोग प्रदान किया।

श्री पी. सेल्वराज, समूह निदेशक, स्कैंड एवं ए.एस.जी., एस.डी.एस.सी.—शार, श्रीहरिकोटा, जिन्होंने पुस्तक की पांडुलिपि देखने एवं उसमें सुधार लाने की दिशा में महत्वपूर्ण सुझाव प्रदान किया।

श्री वी.के. श्रीवास्तव, प्रो. ब्रह्मप्रकाश वैज्ञानिक, एस.डी.एस.सी.—शार, श्रीहरिकोटा, जिन्होंने पुस्तक लिखने की न केवल प्रेरणा ही दी, बल्कि इससे संबंधित उपयोगी अध्ययन सामग्री भी उपलब्ध करवाई, जिसके बिना इस पुस्तक को पूर्ण करना असंभव था। इन्होंने समय-समय पर भाषा की शुद्धता एवं तकनीकी बातों को जाँचने में मदद की और अपना अमूल्य सुझाव, मार्गदर्शन व सहयोग प्रदान किया।

एस.डी.एस.सी—शार, श्रीहरिकोटा में हिंदी में लिखी गई पुस्तक की समीक्षा हेतु गठित संपादकीय समिति के सदस्यों—श्री पी. सुनील, उप महाप्रबंधक कोवा/आरओ, श्री ए.के. नाथ, प्रबंधक, पी.एम./आर.ओ., श्री एन. सुधीर कुमार, प्रबंधक, कार्यक्रम प्रबंधन, स्प्रोब, श्री संजय जैन, उप प्रधान, एस.आर., श्री शमशेर खान, उप प्रधान (एसी), श्रीमती गीता प्रसाद, हिंदी अधिकारी और संपादकीय समिति के अध्यक्ष श्री वी.एस. राममोहन राव, महाप्रबंधक, आर.ओ. का, जिन्होंने पुस्तक को प्रकाशन योग्य बनाने में महत्वपूर्ण सुझाव और मार्गदर्शन प्रदान किया।

श्री वी. दयालन, उप प्रबंधक, स्थिर फोटोग्राफी, जिन्होंने पुस्तक के लिए फोटो उपलब्ध करवाने, श्री धर्मेंद्र कुमार, अभियंता—पी.पी.ई.जी., एस.डी.एस.सी.—शार, श्रीहरिकोटा, जिन्होंने पुस्तक के मुख पृष्ठ को तैयार करने और श्री मनीष मानेकर, हिंदी अनुभाग, एस.डी.एस.सी—शार, श्रीहरिकोटा का जिन्होंने पुस्तक के प्रकाशन में सहयोग प्रदान किया।

(अनूप कुमार गुप्ता)

दो शब्द

आज विश्व में मौजूद अंतरिक्ष संगठनों में 'भारतीय अंतरिक्ष अनुसंधान संगठन (इसरो)' का नाम बहुत ही उच्च स्थान पर है। चंद्रयान और मंगलयान जैसे अंतरिक्ष कार्यक्रमों को प्रथम प्रयास में ही सफलतापूर्वक पूर्ण करके इसरो ने भारत का नाम विश्व अंतरिक्ष क्षेत्र में प्रथम स्थान पर लाकर खड़ा कर दिया है। इसरो का स्पेस पोर्ट 'सतीश धवन अंतरिक्ष केंद्र, शार' आंध्र प्रदेश राज्य के पोट्टी श्रीरामुलु नेल्लूर जिले के 'श्रीहरिकोटा' में स्थित है। तीन शब्दों की संधि (श्री+हरि+कोटा) से मिलकर बना एक सर्वोतम मनभावन नाम श्रीहरिकोटा का कीर्तिमान हमारी भारतमाता की इस पावन धरती के कण-कण में बसा है। इस जगह का नाम सुनते ही हर भारतीय के दिल में एक अजीब सी आहट की अनुभूति होती है, जिससे वे अपने-आप को अंतरिक्ष विज्ञान की इस अद्भुत दुनिया में अपने देश के प्रति गौरवान्वित महसूस करते हैं।

भारतीय अंतरिक्ष अनुसंधान संगठन (इसरो) की सभी टीमों के अथक प्रयासों के कारण ही 16 दिसंबर, 2015 को एस.डी.एस.सी. शार, श्रीहरिकोटा से 50वें उपग्रह प्रमोचन यान का प्रमोचन पूरा किया गया है। अभी तक प्रति वर्ष पाँच से छ: उपग्रह प्रमोचन यान के प्रमोचनों की संख्या को हासिल किया जा चुका है और निकट भविष्य में इस प्रमोचन आवृत्ति में और भी वृद्धि करने का लक्ष्य है। इस लक्ष्य को प्राप्त करने के साथ-साथ यह जानना भी दिलचस्प है कि डॉ. विक्रम ए. साराभाई और प्रो. सतीश धवन की दूरदर्शी पहल ने कैसे प्राकृतिक सौंदर्य के इस छोटे से द्वीप को एक विश्वस्तरीय प्रमोचन मंच में परिवर्तित कर दिया है। यह सफर एकीकरण की सुविधाओं के प्रत्यक्षीकरण और प्रथम उपग्रह प्रक्षेपण यान एस.एल.वी.-3 के प्रमोचन के साथ शुरू हुआ। प्रारंभ में पहली पीढ़ी के एस.एल.वी.-3 और संवर्धित उपग्रह प्रमोचन यान (ए.एस.एल.वी.) के प्रमोचन के लिए स्वतंत्र प्रमोचन मंच का निर्माण किया गया।

बाद में, प्रथम प्रमोचन मंच और द्वितीय प्रमोचन मंच नामक दो बहुमुखी प्रमोचन मंच का निर्माण किया गया। दोनों प्रमोचन मंचों में पी.एस.एल.वी. और जी.एस.एल.वी. के वर्तमान प्रमोचन यानों को एकीकृत और प्रमोचित करने के प्रावधान हैं। द्वितीय प्रमोचन मंच अगली पीढ़ी के प्रमोचन यान जी.एस.एल.वी. मार्क3 के एकीकरण और प्रमोचन की आवश्यकताओं को पूरा करने के लिए संवर्धित किया जा चुका है।

श्रीहरिकोटा का महत्व प्राचीन समय से ही है, परंतु इसका ज्ञान और सामान्य जानकारी कुछ लोगों तक ही सीमित है। इसी कमी की पूर्ति के लिए एस.डी.एस.सी. शार प्रबंधन ने 'श्रीहरिकोटा—द्वीप से स्पेस पोर्ट तक' पुस्तक निकालने का विचार किया। इस पुस्तक के विभिन्न अध्याय श्रीहरिकोटा के इतिहास और विकास को क्रमानुसार व्यक्त करते हैं। श्रीहरिकोटा के इन 45 वर्षों में अंतरिक्ष उपयोग के अपने क्रियाकलापों की मुख्य विशेषताओं, उपलब्धियों और संभावी योजनाओं को इस पुस्तक में समेकित करने का प्रयास किया गया है। पुस्तक को पठनीय और बोधगम्य बनाने के लिए इसमें रेखाचित्र, सारणियाँ और चित्र दिए गए हैं। इसमें ऐसी भाषा का प्रयोग किया गया है, जिसे अधिकांश पाठक प्रचलित विज्ञान के रूप में समझ सकते हैं। कुछ अनुच्छेद और आरेख तकनीकी पृष्ठभूमि वाले लोगों के लिए हैं। इस पुस्तक के अध्याय 2, 3 और 5

को, एस.डी.एस.सी. शार के भूतपूर्व निदेशक श्री के. नारायणा द्वारा 'FROM FISHING HAMLET TO RED PLANET' नामक पुस्तक में लिखे गए एक अध्याय 'The Spaceport of ISRO' को हिंदी में अनुवाद करके लिखने का प्रयास किया गया है।

आशा है यह पुस्तक विज्ञान, प्रौद्योगिकी और इंजीनियरिंग के साथ-साथ शिक्षा से संबंधित सभी छात्रों, शिक्षकों, सामान्य पाठकों, श्रीहरिकोटा और अंतरिक्ष तकनीकी विकास से संबंधित समस्त व्यक्तियों के लिए उपयोगी सिद्ध होगी।

(अनूप कुमार गुप्ता)

विषय-सूची

आभार 5

दो शब्द 6

1. श्रीहरिकोटा—भारत का स्पेस पोर्ट 11

मानव और अंतरिक्ष विज्ञान 11

4 अक्तूबर, 1957—महत्वपूर्ण दिन 12

अंतरिक्ष विज्ञान में भारत 12

इसरो के विभिन्न केंद्र 12

श्रीहरिकोटा केंद्र का विशेष महत्व 12

2. श्रीहरिकोटा की भौगोलिक संरचना 15

श्रीहरिकोटा की भौगोलिक स्थिति 15

श्रीहरिकोटा की वार्षिक जलवायु 16

भौगोलिक स्थिति का प्रमोचन में लाभ 17

3. श्रीहरिकोटा का इतिहास 19

श्रीहरिकोटा का ऐतिहासिक नामकरण 19

श्रीहरिकोटा का वैभवशाली अतीत 20

श्रीहरिकोटा के आदिवासी (यानादी) 20

भूमि अधिग्रहण 22

प्रो. सतीश धवन का संक्षिप्त जीवन परिचय 24

4. श्रीहरिकोटा की ऐतिहासिक धरोहर 26

ऐतिहासिक धरोहर एवं सांस्कृतिक विरासत 26

कोथाचेनू 26

नायडू भवन 27

वेंकटेश स्वामी मंदिर 27

भगवान् बुद्ध की मूर्ति 27

रावनप्पा सत्रम 28

कस्पाकुप्पम मूलस्थानपम्मा गुड़ी 28

पल्लीवेदी टाइल्स भवन 28

चिनरेट्टा मूल आंकरेड्डी—स्वामी रेड्डी स्मारक भवन 29

चेन्नुगरी पालेग वेणुगोपाल स्वामी मंदिर 29

पुलिंगेरी कुप्पम पेद्दा पलयवता अम्मा मंदिर 29
पुलिंगेरी कुप्पम वेंकटेश्वर स्वामी मंदिर 30
मावलयम शिवलिंग 30
कंथरिस कुप्पम या आरती थोता शिवलिंगम 30
पिदातला वागु में द्वि शिवलिंगम 31
लिंगल कट्टा 31
डी गुडी लाइट हाउस 31

5. श्रीहरिकोटा में एस.डी.एस.सी. शार की स्थापना एवं विकास 33
उपग्रह प्रमोचन यान सम्बंधी सुविधाएँ और उनका विकास 34
प्रमोचन परिसरों की स्थापना और सुविधाओं का विकास 35
रेंज सुरक्षा प्रणालियों की स्थापना और विकास 39
एस.एल.वी.-3 की परीक्षण सुविधाओं की स्थापना और उनका विकास 42
पी.एस.एल.वी. की सुविधाओं की स्थापना और इनका विकास 42
स्प्रोब (SPROB) की स्थापना और विकास 43
अन्य केंद्रों के साथ संबंधों की प्रगाढ़ता 44

6. श्रीहरिकोटा से किए गए 50 उपग्रह प्रमोचन यानों के प्रमोचनों का संक्षिप्त विवरण 54
भारतीय प्रमोचन यान 55
भारतीय उपग्रह 58
50 उपग्रह प्रमोचन यानों के प्रमोचनों की प्रमोचन तिथि अनुसार तालिका 60
एस.डी.एस.सी., शार केंद्र से 50वें उपग्रह प्रमोचन यान को प्रमोचित करने के अवसर पर आयोजित समारोह 63
हाल ही में किए गए कुछ विशेष भारतीय अंतरिक्ष कार्यक्रम 66
चंद्रयान 66
मंगलयान 68
भारतीय क्षेत्रीय नौवहन उपग्रह प्रणाली 71

7. सतीश धवन अंतरिक्ष केंद्र—शार की वर्तमान सुविधाएँ 73
सतीश धवन अंतरिक्ष केंद्र-शार की सुविधाएँ 74
ठोस प्रणोदक सयंत्र (स्प्रोब और एस.पी.पी.) 75
प्रमोचन यान समुच्चयन और प्रमोचन सुविधाएँ 77

प्रथम प्रमोचन मंच 77

द्वितीय प्रमोचन मंच 78

ठोस मोटर की योग्यता एवं पर्यावरणीय परीक्षण सुविधाएँ (SMP & ETF) 85

रॉकेट मोटरों तथा अन्य उप-तंत्रों की परीक्षण सुविधाएँ 85

कंपन परीक्षण सुविधा 86

अपकेंद्रीय परीक्षण सुविधा 88

द्रव नोदक भंडारण एवं सेवा सुविधाएँ (LSSF) 88

रेंज प्रचालन (RO) 90

रेंज यंत्रीकरण प्रणालियाँ (RIS) 92

शार कंप्यूटर सुविधा (SCOF) 95

COWAA और DWFS 96

मिशन उड़ान सुरक्षा विश्लेषण एवं वास्तविक काल आँकड़ा संसाधन 96

रेंज सुरक्षा 96

मौसम विज्ञान (एम.ई.टी.) 97

कार्यक्रम प्रबंधन 97

शार केंद्रीय डिजाइन एवं एडवांस्ड सिस्टम्स ग्रुप (SCEND & ASG) 97

प्रणाली विश्वसनीयता और सुरक्षा (SR & Safety) 99

निर्माण रख-रखाव (CMG) 100

अन्य सुविधाएँ 101

8. एस.डी.एस.सी.—शार केंद्र से किए जाने वाले संभावित प्रमोचन और उनकी सुविधाएँ 102

द्वितीय यान समाकलन भवन (SVAB) 102

तृतीय प्रमोचन मंच 104

छोटे उपग्रहों का रॉकेट स्क्रैम जेट रॉकेट द्वारा निम्न भू-कक्षा में प्रक्षेपण 110

सेमी क्रायो नोदन प्रणालियों का विकास 114

9. संदर्भ 118

10. लेखक का परिचय 120

प्रथम अध्याय

श्रीहरिकोटा–भारत का स्पेस पोर्ट

भारतवर्ष विश्व का सातवाँ विशालतम देश है। विश्व के 2.4 प्रतिशत क्षेत्रफल में भारत बहुमूल्य प्राकृतिक, सांस्कृतिक, ऐतिहासिक एवं पौराणिक संपदा संजोए हुए है। यहाँ यदि एक ओर विश्व का सबसे अधिक वर्षा प्राप्त करने वाला स्थान 'चेरापूँजी' है तो दूसरी ओर थार मरुस्थल है। एक ओर हिमालय की हिमाद्री पर्वत श्रृंखलाएँ हैं तो दूसरी ओर लक्षद्वीप है, जहाँ पूरे वर्ष मौसम गर्म रहता है। सांस्कृतिक दृष्टि से एक ओर मुंबई जैसे आधुनिक विकसित महानगर है तो दूसरी ओर अंडमान द्वीप है, जहाँ आज भी ऐसी जनजातियाँ पाई जाती हैं, जिन पर आधुनिक सभ्यता की किरण भी नहीं पड़ी है। विकास की दृष्टि से आज भी भारत में कई ऐसे पिछड़े क्षेत्र हैं, जहाँ आधुनिक मुख्य सुविधाएँ पहुँचने में दशक लग जाएँगे तो दूसरी ओर श्रीहरिकोटा द्वीप है, जहाँ से अंतरिक्ष में उपग्रहों को छोड़ने के बाद दूसरे ग्रहों पर भी पहुँचने की शुरुआत हो चुकी है। अंतरिक्ष विज्ञान और उपग्रह प्रमोचन के क्षेत्र में शिखर पर आसीन बीते हुए कल का यह छोटा सा द्वीप आज भारत के स्पेस पोर्ट के नाम से जाना जाता है। आइए इस अद्‌भुत द्वीप श्रीहरिकोटा के बारे में कुछ और ज्ञान अर्जित करें।

मानव और अंतरिक्ष विज्ञान

मानव ईश्वर के द्वारा बनाया गया एक विलक्षण सामाजिक प्राणी है, जो अपनी अपार मेधा, संपत्ति, अद्‌भुत विवेचना शक्ति, विलक्षण तत्व, अकुंठित दीक्षा, तत्परता, दृढ़ता, कार्यक्षमता, कर्तव्यपरायणता आदि विशेष गुणों से समस्त जनजीवन को सुखमय बनाने का निरंतर प्रयास करता रहता है। प्रकृति के अजीब और अनसुलझी गुत्थियों को सुलझाने का स्वप्न, जगत में अनेक क्रियाओं के पीछे का सत्य और कारण, ऐसे अनेकानेक प्रश्नों के खोज में मनुष्य निरंतर यत्नशील रहा है। निरंतर जिज्ञासा और शोध प्रवृत्ति से युक्त मनुष्य की दृष्टि जब बाह्यमंडल पर पड़ी तब से अंतरिक्ष अनुसंधान कार्यक्रमों की शुरुआत हो गई।

देवी देवताओं की बस्ती माने जाने वाले आकाश की छानबीन करके उसके रहस्यों को जानने की उत्सुकता ने संसार में एक नई प्रगति को जन्म दिया। ग्रह और उपग्रह जो समाज के पूजा पात्र थे, अंतरिक्ष विज्ञान की वृद्धि के बाद शोध के स्थान बन गए हैं। मानव मस्तिष्क में जन्म लेने वाले विज्ञान के चमत्कार और समाजोपयोगी अन्वेषण और आविष्कार समाज में क्रांति ही नहीं कांति भी लाते हैं। इस प्रकार विज्ञान की एक महत्वपूर्ण शाखा के रूप में अंतरिक्ष विज्ञान और प्रौद्योगिकी, आज समाज और जनता का एक अभिन्न अंग बन गई है।

4 अक्तूबर, 1957—महत्वपूर्ण दिन

4 अक्तूबर, 1957 का विश्व के अंतरिक्ष विज्ञान और प्रौद्योगिकी के क्षेत्र में एक महत्वपूर्ण स्थान है। उस दिन सोवियत संघ ने पृथ्वी के प्रथम कृत्रिम उपग्रह स्पुतनिक-1 का सफलतापूर्वक प्रमोचन करके अंतरिक्ष विज्ञान के क्षेत्र में एक स्वर्ण अध्याय की शुरुआत की। स्पुतनिक के सफलतापूर्वक प्रमोचन से संसार के अन्य देशों की निगाहें अंतरिक्ष विज्ञान के क्षेत्र में केंद्रीकृत हुई।

संयुक्त राष्ट्र अमेरिका के कदम से अंतरिक्ष विज्ञान और प्रौद्योगिकी के क्षेत्र में विभिन्न देशों के बीच और वैज्ञानिकों के बीच होड़ शुरू हो गई। संयुक्त राष्ट्र अमेरिका ने भी 31 जनवरी, 1958 को एक्सप्लोरर-1 का प्रमोचन करके अंतरिक्ष विज्ञान और प्रौद्योगिकी के क्षेत्र में अपना कदम रखा।

विश्व ने सन् 1957 से लेकर आज तक अंतरिक्ष विज्ञान और प्रौद्योगिकी के क्षेत्र में एक लंबा रास्ता तय कर लिया है। विकसित और विकासशील देशों में उच्चतर जीवन यापन के लिए अंतरिक्ष विज्ञान और प्रौद्योगिकी के व्यापक प्रयोग और उपयोग के प्रयास निरंतर जारी हैं। इसी यात्रा के दौरान मानव ने उपग्रह यान के द्वारा चाँद पर पैर रख कर असाध्य विषय को साध्य करके विश्व को आश्चर्य में डाल दिया।

मानव रहित प्रयोगशालाओं की स्थापना करके अंतरिक्ष विज्ञान और प्रौद्योगिकी के क्षेत्र में अनुसंधान कार्यक्रम जारी करने के प्रयासों में आवश्यक प्रगति हुई है। अंतरिक्ष में उपग्रहों के द्वारा मानवों को भेज कर अपने निर्धारित अनुसंधान कार्यक्रम अंतरिक्ष में पूरा करके सकुशल वापस भूमंडल पर आने की क्षमता मानव ने प्राप्त की है। अंतरिक्ष में मानव बस्तियाँ बनाने की योजनाओं के साथ साथ आम जनता के लिए भी अंतरिक्ष विहार यात्रा की तैयारियाँ जारी है।

अंतरिक्ष विज्ञान में भारत

विज्ञान की एक नई और अत्याधुनिक शाखा अंतरिक्ष विज्ञान और प्रौद्योगिकी के क्षेत्र में प्रवेश करके इस क्षेत्र में आगे बढ़नेवाले अन्य देशों के साथ भारत ने भी अपना हाथ मिलाया। केरल राज्य के तिरुवनंतपुरम के निकट थुंबा से छोड़े गए अपाचे नाइक राकेट के द्वारा भारत ने अंतरिक्ष विज्ञान और प्रौद्योगिकी के कार्यक्रमों की शुरुआत की और अंतरिक्ष अनुसंधान करने वाले देशों की सूची में विश्व के अन्य देशों के साथ अपना भी स्थान बनाया।

भारतीय अंतरिक्ष विज्ञान के पितामह डॉ. विक्रम साराभाई के नेतृत्व में भारत ने अंतरिक्ष आयोग और अंतरिक्ष विभाग की स्थापना की। भारतीय अंतरिक्ष विज्ञान और प्रौद्योगिकी के अनुसंधानों का मुख्य उद्‌देश्य राष्ट्रीय समाज के विकास हेतु अंतरिक्ष विज्ञान और प्रौद्योगिकी का समग्र एवं आर्थिक विकास करना है। इसके अतिरिक्त संचार, मौसम तथा संसाधनों के मापन एवं प्रबंधन में अंतरिक्ष विज्ञान और प्रौद्योगिकी पर आधारित सेवाएँ प्रदान करना है। इन लक्ष्यों को प्राप्त करने के लिए उपग्रह और राकेट प्रणालियों के विकास में भारतीय अंतरिक्ष अनुसंधान संगठन, इसरो ने उल्लेखनीय कार्य किया है। 19 अप्रैल, 1975 को प्रमोचित किए गए भारत के पहले कृत्रिम उपग्रह आर्यभट्ट से लेकर आज तक भारतीय अंतरिक्ष अनुसंधान संगठन,

इसरो ने प्रशंसनीय प्रगति की।

इस संदर्भ में भारत के अंतरिक्ष विज्ञान के पितामह डॉ. विक्रम साराभाई के वक्तव्य को याद करना बहुत उचित होगा।

''अंतरिक्ष विज्ञान और परमाणु ऊर्जा का उपयोग और प्रयोग शांतिपूर्ण कार्यों और मानव कल्याण के लिए होना चाहिए। विज्ञान निर्माण और उत्थान का साधन है विनाश तथा पतन का नहीं। विश्व के सभी देशों को इसी दिशा में काम करना चाहिए।''

डॉ. साराभाई द्वारा दिखाए गए मार्ग पर देश के निर्माण और उत्थान का साधन बनकर, देश को प्रगति की ओर ले जाने में भारत के अंतरिक्ष विज्ञान और प्रौद्योगिकी ने अपार सफलता प्राप्त की है।

इसरो के विभिन्न केंद्र

अपने लक्ष्यों को प्राप्त करने के लिए, अंतरिक्ष अनुसंधान कार्यक्रमों को निर्विघ्न रूप से आगे बढ़ाने के लिए इसरो ने भारत के विभिन्न क्षेत्रों में अपने केंद्रों की स्थापना की है। इनमें से प्रमुख हैं—बेंगलुरु के इसरो उपग्रह केंद्र, उपग्रह नियंत्रण केंद्र, द्रव नोदन प्रणाली केंद्र, इसरो मुख्यालय, तिरुवनंतपुरम का विक्रम साराभाई अंतरिक्ष केंद्र, द्रव नोदन प्रणाली केंद्र, हैदराबाद का राष्ट्रीय सुदूर संवेदन केंद्र, महेंद्रगिरी का द्रव नोदन जाँच सुविधाओं का केंद्र, श्रीहरिकोटा का सतीश धवन अंतरिक्ष केंद्र—शार, देहरादून का भारतीय सुदूर संवेदन संस्थान, अहमदाबाद के अंतरिक्ष उपयोग केंद्र, भौतिक अनुसंधान प्रयोगशाला, विकास व शैक्षिक संचार यूनिट केंद्र, हासन का इंसैट मुख्य नियंत्रण सुविधा केंद्र आदि हैं। इनके अलावा अलुवा, बालासोर, भोपाल, लखनऊ, नई दिल्ली, आदि नगरों में भी इसरो के अनुसंधान कार्यक्रमों में भाग लेने वाली राडार व्यवस्थाएँ, भू-केंद्र और अन्य महत्वपूर्ण यूनिट हैं।

श्रीहरिकोटा केंद्र का विशेष महत्व

इन सभी उपर्युक्त अंतरिक्ष केंद्रों में श्रीहरिकोटा में स्थित सतीश धवन अंतरिक्ष केंद्र, शार का एक विशेष महत्व है। यह भारतवर्ष की धरती को अंतरिक्ष से जोड़नेवाला एकमात्र अतिविशिष्ट अंतरिक्ष केंद्र है। यही नहीं, यह संसार भर के महत्वपूर्ण राकेट प्रमोचन केंदों में से एक महत्वपूर्ण केंद्र है। यह स्थान अंतरिक्ष विज्ञान का खजाना है। अंतरिक्ष विज्ञान संबंधी अनुसंधान और विकास करने हेतु यह अंतरिक्ष केंद्र वैज्ञानिकों के लिए एक तपोभूमि की तरह है। देश विदेश के अंतरिक्ष अनुसंधान संबंधी अनेक वैज्ञानिक यहाँ निरंतर कार्यरत रहते हैं और अंतरिक्ष विज्ञान के क्षेत्र में भारत की शान को विश्व में आगे बढ़ाने में सदा तत्पर रहते हैं।

आपको मालूम होना चाहिए कि भारत के सभी अंतरिक्ष यान श्रीहरिकोटा में स्थित सतीश धवन अंतरिक्ष केंद्र—शार से ही उड़ान भरते हैं और स्वदेशी तथा वाणिज्यिक उपग्रहों को अपने निश्चित अंतरिक्ष गंतव्य पथ तक ले जाते हैं। सुदूर संवेदन, संचार उपग्रह जैसे विभिन्न प्रकार के अंतरिक्ष अभियानों को यहीं से प्रमोचित किया जाता है। इस अंतरिक्ष केंद्र को, पूर्व में शार केंद्र के नाम से जाना जाता था, उसका नाम प्रोफेसर सतीश

धवन की स्मृति में सन 2002 ई. में सतीश धवन अंतरिक्ष केंद्र कर दिया गया।

अंतरिक्ष यानों को अंतरिक्ष में प्रमोचित करने के लिए और उपग्रहों को अपनी निर्धारित कक्षा में प्रक्षेपित करने के लिए आवश्यक अनेक अत्याधुनिक सुविधाएँ श्रीहरिकोटा के इस अंतरिक्ष केंद्र में उपलब्ध हैं। इसरो के प्रमुख प्रक्षेपण स्थल श्रीहरिकोटा में प्रमोचन की सुविधाओं के साथ-साथ ठोस प्रणोदक तथा बृहत् आकार के ठोस प्रणोदक बूस्टर तथा उनके प्रमोचन संबंधी गुणवत्ता की जाँच करने की सभी सुविधाएँ मौजूद हैं। यहाँ एफएलपी तथा एसएलपी नामक दो प्रमोचन मंच भी हैं। यहाँ की अन्य सुविधाओं में द्रव प्रणोदक, क्रायो, भंडारण तथा सर्विसिंग, समाकलन और प्रमोचन की सुविधाएँ हैं। रेंज यंत्रीकरण सुविधाओं में प्रमोचित यान का अनुवर्तन, दूरमिति, दूरादेश, मिशन नियंत्रण, आँकड़ा अर्जन, उपग्रह अनुवर्तन और मौसम विज्ञान की सुविधाएँ हैं। बहुत सी सुविधाएँ, जिन्हें पहले पी.एस.एल.वी. और जी.एस.एल.वी. के लिए स्थापित किया गया था, उन्हें बाद में अगली पीढ़ी के नवयुगीन अंतरिक्ष यानों और जी.एस.एल.वी.-मार्क-III प्रमोचन यानों की माँगों को पूरा करने के लिए संवर्धित किया गया। इसके अलावा, कई अन्य सुविधाओं को भी एस.डी.एस.सी.—शार केंद्र में स्थापित किया गया है।

आज श्रीहरिकोटा को किसी के परिचय की आवश्यकता नहीं है। श्रीहरिकोटा में स्थित एस.डी.एस.सी.—शार केंद्र से इसरो ने लगातार अंतरिक्ष यानों को अंतरिक्ष में प्रमोचित करने और उपग्रहों को उनके निर्धारित कक्षा में प्रक्षेपित करने में सफलता प्राप्त की है। चंद्रयान और मंगलयान जैसे अंतरिक्ष कार्यक्रमों द्वारा प्रथम प्रयास में ही सफलता प्राप्त करके इसरो ने भारत का नाम विश्व अंतरिक्ष क्षेत्र में प्रथम पंक्ति में लाकर खड़ा कर दिया है। श्रीहरिकोटा के परिसर से प्रक्षेपित पी.एस.एल.वी. ने सफलता के सारे आयाम प्राप्त कर लिए हैं। आज भारत का अंतरिक्ष पोर्ट श्रीहरिकोटा विश्व के तमाम अंतरिक्ष केंद्रों में निम्नतम लागत वाला सफलतम प्रक्षेपण केंद्र बन गया है।

द्वितीय अध्याय

श्रीहरिकोटा की भौगोलिक संरचना

श्रीहरिकोटा की भौगोलिक स्थिति

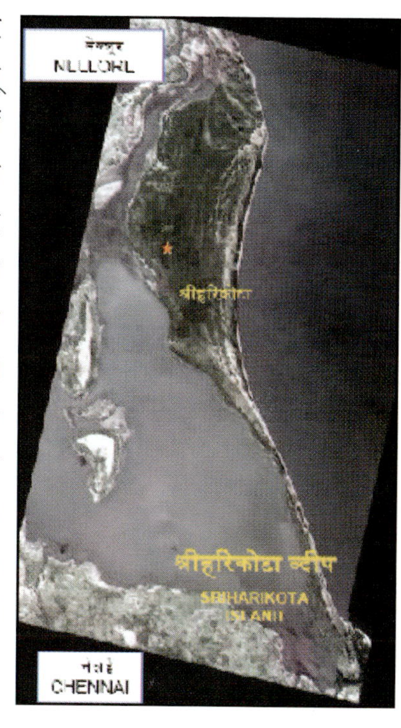

श्रीहरिकोटा भारत में आंध्र प्रदेश के श्री पोट्टि श्रीरामुलू नेल्लूर जिले के सुल्लूरपेटा मंडल से 17 कि.मी की दूरी पर स्थित बालू रोधिका द्वीप (Barrier Island) है। इस तरह के द्वीप समुद्री लहरों द्वारा तट से कुछ दूरी पर बालू के जमा होने से बनते हैं। बालू रोधिका द्वीप की उत्पत्ति से तट और द्वीप के बीच समुद्र का उथला और संकरा पानी रह जाता है, जिसे पश्च जल (Back Water) कहते हैं। श्रीहरिकोटा द्वीप एवं भारतीय तट के बीच स्थित इस पश्च जल को पुलिकाट लेक (पुलिकाट झील) के नाम से जाना जाता है। पुलिकाट लेक 460 वर्ग कि.मी. तक फैला है। इसका 84 प्रतिशत भाग आंध्र प्रदेश में तथा 16 प्रतिशत भाग तमिलनाडु में है। भारत के उष्ण कटिबंध में स्थित होने के कारण यहाँ की जलवायु पूरे वर्ष गर्म रहती है। शाम के समय समुद्री हवाएँ मौसम को ठंडा और सुहावना बनाती है। अक्तूबर और नवंबर में उत्तर पूर्वी मानसून और चक्रवातों के कारण वर्षा होती है। समस्त द्वीप हरे-भरे जंगल से अच्छादित है जहाँ अनेक प्रकार के वन्य प्राणी रहते हैं।

श्रीहरिकोटा पूर्व में बंगाल की खाड़ी और पश्चिम में पुलिकाट झील से घिरा हुआ एक तुर्क रूपी द्वीप है। उत्तरी और दक्षिणी दिशा की ओर श्रीहरिकोटा की भूमि समुद्र में जाकर मिलती है और समुद्र के पानी के प्रवाह को झील की ओर जाने देती है। वर्ष 1806 में अंग्रेजों द्वारा बनाई गई 420 कि.मी. लंबी बकिंघम नहर आंध्र प्रदेश के मछलीपट्टनम से उत्पन्न होकर मद्रास में समाप्त होती है और पुलिकाट झील से द्वीप को अलग करते हुए पश्चिमी सीमा बनाती है। द्वीप अक्षांश 13 डिग्री 27 मिनट और 13 डिग्री 48.75 मिनट के बीच स्थित है और तटीय रेखाएँ उत्तरी बिंदु पर 80 डिग्री 15 मिनट से दक्षिणी बिंदु पर 80 डिग्री 18.28 मिनट के देशांतर के बीच स्थित है। द्वीप में 8 कि.मी. की अधिकतम चौड़ाई का एक उभार है और इसके दक्षिणी आधे भाग में एक संकीर्ण लंबी जमीन की पट्टी है। इसका भूभाग समतल है और समुद्र स्तर से 4 मीटर ऊपर उठा हुआ है। यहाँ की मिट्टी मूलरूप से रेतीली और समुद्री है। सतह की ओर की रेत दानेदार मोटी (coarse) है और नीचे की ओर सीप आदि से मिश्रित महीन (fine) रेत है। कई स्थानों के मृदा परीक्षण (Soil testing) से पता चला है कि यहाँ के भूभाग की निचले स्तर की परतों में रेत और चिकनी मिट्टी का मिश्रण है। द्वीप के

पश्चिमी किनारे पर स्थित बकिंघम नहर में एक उप जीवाश्म की हालत में सीपों से भरी मिट्टी के तल युक्त नम मिट्टी की एक परत है और बाकी द्वीप में सारी जगहों पर सब रेत ही रेत है। रेत के टीले अपने स्थान पर सीमित हैं और इस द्वीप के संकीर्ण दक्षिणी पट्टी में पाए जाते हैं।

वर्ष 1970 के पूर्व वेन्नाडू (Venadu), इरक्कम (Irakkam) और श्रीहरिकोटा द्वीपों तक पहुँचने के लिए मद्रास में तडा और कोलकाता राजमार्ग के बीच चलने वाली पाल नौकाओं का प्रयोग किया जाता था। हवाओं और उच्च जल मार्ग का लाभ लेने के लिए श्रीहरिकोटा की यात्रा आम तौर पर आधी रात के आसपास की जाती थी। चालक दल अनुकूल हवा की शुरुआत के लिए तडा पर इंतजार करते थे। हवाओं के अनुकूल होने पर मात्र 3 घंटे में ही द्वीप तक पहुँचा जा सकता था, अन्यथा इस 29 कि.मी. की दूरी को तय करने के लिए भी 12 घंटे तक का समय लग जाता था। बकिंघम नहर तक पहुँचने के बाद यात्री नौकाओं से उतर जाते थे और अपने गंतव्य तक पहुँचने के लिए नहर में चलने वाली दूसरी नावों का इस्तेमाल करते थे। कई गाँव द्वीप के पश्चिमी सीमा पर नहर के किनारे ही स्थित थे। श्रीहरिकोटा से मद्रास की वापसी यात्रा दोपहर के आसपास शुरू की जाती थी, जब समुद्र की हवा घटती थी और 5 से 7 बजे तक तडा पहुँच जाती थी। गर्मियों के महीनों के दौरान जब झील का उत्तरी भाग सूख जाता था, तब बैलगाड़ी से या पैदल ही श्रीहरिकोटा पहुँचा जा सकता था।

अपने चारों ओर से नमकीन पानी से घिरे होने के बावजूद श्रीहरिकोटा के जमीन का पानी मीठा है और उसके निवासियों, वनस्पतियों और जीव सभी के लिए जीवनदायी है। मानसून के मौसम के दौरान जब पूरे द्वीप की सतह पानी की चादर के साथ ढक जाती है तब श्रीहरिकोटा के जमीन के पानी का तल आवेशित हो जाता है। गर्मियों के महीनों के दौरान पानी का तल 3 से 4 मी. तक नीचे चला जाता है। शार के लिए संपूर्ण पानी की जरूरत चाहे निवासियों के लिए हो या सुविधाओं के लिए, भू-जल से ही पूरी की जा रही है। सुविधाओं के समूहों की आवश्यकताओं की सेवा के लिए उपयुक्त स्थानों पर कुएँ खोदे गए हैं।

द्वीप में कई सारे जल निकाय मौजूद हैं। सबसे बड़ी झील में से एक 1.5 कि.मी. लंबी और 0.5 कि.मी. चौड़ी 'चोलादोरुवु' (तेलुगु में दोरुवु का मतलब समुद्रताल (लैगून)) नाम से द्वीप के उत्तर पूर्वी हिस्से में है। यह मछली के लिए एक समृद्ध स्रोत है, जो अब भी शार के यानादियों द्वारा दोहन किया जाता है। द्वीप में दो लंबी और उथली धाराएँ हैं, जो मूल रूप से वर्षा के अतिरिक्त जल को समुद्र में निर्वहन करती हैं। पेद्दावागू (तेलुगु में पेद्दा का मतलब 'बड़ा' और वागू का मतलब पानी की धारा होता है) 15 कि.मी. लंबी और चिन्नावागू (तेलुगु में चिन्ना का मतलब 'छोटा' होता है) लगभग 9 कि.मी. लंबी है और लगभग एक-दूसरे के समानांतर ही बहती हैं। इन दोनों वागू में अपनी लंबाई की दिशा के साथ ही घने जलीय वनस्पति और बेंत झाड़ी आदि हैं। इसी तरह द्वीप में छोटे और मध्यम आकार के कई दूसरे जल निकाय भी हैं, जैसे कि 500 मी. लंबी मवलमवागू जो मानसून के मौसम के दौरान भर जाती है।

श्रीहरिकोटा की वार्षिक जलवायु

वर्ष के अधिकांश समय में श्रीहरिकोटा की जलवायु गर्म और आर्द्र रहती है। गर्मी से राहत लाने के

लिए गर्मियों के महीनों के दौरान समुद्र की ओर से आने वाली हवाएँ दिन में जल्दी आती हैं। यहाँ जलवायु दो दक्षिण-पश्चिम और पूर्वोत्तर मानसून होने के साथ बदलते हैं, जिसमें अधिकांश वर्षा पूर्वोत्तर मानसून के दौरान प्राप्त होती है। वर्ष की औसतन वर्षा 1200 मि.मी. है। बंगाल की खाड़ी में चक्रवाती तूफानों के उठने के कारण, गंभीर मौसम की स्थिति पैदा होने के कारण द्वीप की तटीय जमीन का पानी में भू क्षरण होने लगता है। 14 नवंबर, 1984 को गंभीर तीव्रता का चक्रवाती तूफान 36 से अधिक घंटे तक श्रीहरिकोटा में केंद्रित होने के कारण यहाँ व्यापक क्षति हुई थी।

वर्ष भर की औसतन वर्षा और ताप को निम्न तालिका में दर्शाया गया है—

माह	जनवरी	फरवरी	मार्च	अप्रैल	मई	जून	जुलाई	अगस्त	सितम्बर	अक्टूबर	नवंबर	दिसम्बर	वार्षिक
औसतन अधिकतम ताप (°C)	29.6	31.5	33.6	36	38.8	38	35.6	35.2	34.5	32.3	29.6	28.8	33.63
दैनिक मध्यमान ताप (°C)	24.6	26	28.1	30.9	33.4	32.8	31	30.7	30	28.3	26	24.6	28.87
औसतन न्यूनतम ताप (°C)	19.7	20.6	22.7	25.8	28	27.7	26.5	26.2	25.6	24.4	22.4	20.2	24.15
वर्षा औसतन (मिमी)	13	3	2	15	58	49	101	127	95	253	287	109	1,112

Source: Climate-Data.org, altitude: 1m

भौगोलिक स्थिति का प्रमोचन में लाभ

भौगोलिक रूप से श्रीहरिकोटा अंतरिक्ष में प्रमोचन यानों के प्रक्षेपण के लिए अत्यंत अनुकूल स्थान है। प्रमोचन की दृष्टि से श्रीहरिकोटा द्वीप से निम्नलिखित लाभ प्राप्त होते हैं—

- संरक्षा की दृष्टि से प्रक्षेपण मंच घनी आबादी से दूर है।
- पूर्वी तट से पूर्व की ओर प्रक्षेपण करने से पृथ्वी घूर्णन की प्रारंभिक गति का लाभ प्राप्त होता है।
- रेंज संरक्षा की दृष्टि से अत्यंत अनुकूल स्थान है।
- सुरक्षा की दृष्टि से भी उपयुक्त स्थान है, क्योंकि यह द्वीप एक ओर बंगाल की खाड़ी और तीन ओर पुलिकाट झील से घिरा हुआ है।

उपर्युक्त तथ्यों को ध्यान में रखते हुए श्रीहरिकोटा को सन् 1969 में भारतीय अंतरिक्ष विज्ञान के जनक

डॉ. विक्रम साराभाई ने रॉकेट प्रमोचन के लिए चुना। रॉकेट प्रमोचन को अंतरराष्ट्रीय स्तर तक लाने के लिए अनेक आधुनिक सुविधाओं को विकसित किया गया। इनमें से कुछ मुख्य सुविधाएँ जैसे—उपग्रह प्रमोचन की सुविधाएँ, ठोस प्रणोदक उत्पादन सुविधाएँ, प्रमोचन गुणवत्ता की जाँच सुविधाएँ, रेंज यंत्रीकरण सुविधाएँ, अंतरिक्ष यान की तैयारी संबंधी सुविधाएँ, मौसम विज्ञान की जानकारी देनेवाली सुविधाएँ और अन्य सहायक सुविधाएँ आदि हैं।

तृतीय अध्याय

श्रीहरिकोटा का इतिहास

ऐतिहासिक तथ्यों के आधार पर तमिल संगम साहित्य में श्रीहरिकोटा का विवरण 300 ई.पू. से प्रारंभ होकर छठी या सातवीं शताब्दी में मिलता है। उस समय इसे पलवलकाडु (Palavarkadu) के नाम से जाना जाता था। वंशागत रूप से यानादी (Yanadi) नाम की आदिवासी जनजाति इस द्वीप के जंगलों में निवास करती थी और इन्हीं जनजाति का आधिपत्य था। ग्यारहवीं सदी में चोल राजाओं ने इसे अपने अधीन कर लिया। सन् 1310 में चोल राजा की हार गोलकुंडा के मुस्लिम शासक कर्नाटक के नवाब के हाथ हुई। कर्नाटक के नबाव ने श्रीहरिकोटा को वेंकटगिरि के जमींदार को पट्टे पर दे दिया। ईस्ट इंडिया कंपनी ने 31 जुलाई, 1801 को श्रीहरिकोटा को कर्नाटक नवाब अजिमुद्दौला से छीन कर अपने आधिपत्य में लिया और चिंगलपेट जिले में शामिल कर लिया। सन् 1835 में ईस्ट इंडिया कंपनी ने इसका नाम मूट्टह रखा जिसका प्रशासन बेरिपेटा से एक पेशकार करता था। सन् 1863 में श्रीहरिकोटा के साथ पुलिकाट झील के अन्य चार द्वीपों को नेल्लूर जिले के सुलुरपेट्टा तालुक में मिलाया गया। पेशकार का दफ्तर बंद करके इसको एक राजस्व अधिकारी के अधीन रखा गया। राजस्व अधिकारी का कार्यकाल अंतरिक्ष विभाग के द्वारा भूमि अधिग्रहण के साथ सन् 1969 में समाप्त हो गया।

श्रीहरिकोटा का ऐतिहासिक नामकरण

श्रीहरिकोटा द्वीप के नामकरण के संबंध में अनेक विचारधाराएँ प्रचलित हैं। पौराणिक गाथाओं के आधार पर मान्यता है कि लंका नरेश रावण शिवभक्त थे। वे शिवलिंग की उपासना के लिए इस द्वीप में आते थे। एक धारणा यह भी है कि जब भगवान् श्रीराम लंका की ओर प्रस्थान कर रहे थे, तब वह श्रीहरिकोटा द्वीप के मार्ग से गए थे। उन्होंने रास्ते में जगह-जगह शिवलिंग स्थापित किए। इन विचारों की पुष्टि उत्खनन द्वारा होती है। उत्खनन में लगभग आधे करोड़ शिवलिंग पाए गए हैं। तेलुगू भाषा में आधे करोड़ के लिए अराकोटि (अरा=आधा और कोटि=करोड़) शब्द समूह का प्रयोग किया जाता है। इस अराकोटि शब्द के आरंभ में श्रीहरि जोड़ने से श्रीहरिअराकोटि शब्दसमूह बना और इस स्थान का नाम पड़ा। श्रीहरिअराकोटि को ही आज 'श्रीहरिकोटा' के नाम से जाना जाता है। इस द्वीप में अनेक विष्णु भगवान् को समर्पित मंदिर पाए गए हैं। देवालय नामक स्थान पर स्थित विष्णु भगवान का एक मंदिर लगभग डेढ़ सौ वर्षों से भी ज्यादा पुराना है। एक दूसरी धारणा के अनुसार श्रीहरि शब्द विष्णु भगवान् का पर्यायवाची है, जिसके आधार पर इस द्वीप का नाम श्रीहरिकोटा पड़ा। कोटा शब्द का अर्थ सीमा होता है, अत: दोनो शब्दों को जोड़ कर श्रीहरिकोटा शब्द बना।

श्रीहरिकोटा का वैभवशाली अतीत

पुलिकाट और पुलिकाट झील से सटा हुआ श्रीहरिकोटा, प्राचीन काल से ही बहुत प्रसिद्ध था। पुलिकाट झील अंतरराष्ट्रीय व्यापार के लिए प्रसिद्ध था। यहाँ से चीन, सुमात्रा और मलेशिया जैसे पूर्वी देशों के साथ मधुर व्यापारिक संबंध थे। मसालों, रेशम और कपास जैसी वस्तुओं का निर्यात होता था। सतरहवीं एवं अठारहवीं सदी में डच का शासन था, जिसे अंग्रेजों ने सन् 1781 में आक्रमण करके पुलिकाट को हथिया लिया। उसके बाद कई बार इस स्थान का आधिपत्य, डच और अंग्रेजों के बीच स्थानांतरित होता रहा। सन् 18 25 में ईस्ट इंडिया कंपनी ने श्रीहरिकोटा को अपने आधीन कर लिया। किंतु बाद में ईस्ट इंडिया कंपनी ने इस पर ज्यादा रुचि नहीं दिखाई और अपनी गतिविधियों को मद्रास में स्थानांतरित कर दिया।

चिल्का झील के बाद पुलिकाट झील भारत का दूसरा सबसे बड़ा नमकीन पानी का समुद्रताल (लैगून) है। इसकी लंबाई लगभग 60 कि.मी. और चौड़ाई 0.2 से लेकर 17.5 कि.मी. के बीच है और क्षेत्रफल लगभग 460 वर्ग किलोमीटर में फैला हुआ है। यह 84% और 16% क्रमशः आंध्र प्रदेश और तमिलनाडु के राज्यों में फैला हुआ है। यह मुख्यतया एक नमी वाला भूमिक्षेत्र है और प्रवासी और प्रजनन जल पक्षियों को आकर्षित करता है। यह झींगे, केकड़ों और मछलियों के लिए नर्सरी के रूप में भी कार्य करता है। तीन छोटी नदियों, उत्तरी छोर में स्वर्णमुखी, मध्य पश्चिमी पक्ष पर कलंगी (Kalangi) और इसके दक्षिणी छोर पर अरणि नदी पुलिकाट झील में निर्वहन होती है। श्रीहरिकोटा की पश्चिमी सीमा के साथ साथ बहने वाली बकिंघम नहर इसे पुलिकाट झील से अलग करती है। झील में वर्षों से कीचड़ जमा हो रहा है और वर्ष 1610 में डच लोगों के आगमन से अब तक इसकी गहराई में लगभग 3 मीटर की कमी आ चुकी है। एन्नोर में ताप विद्युत् संयंत्र और एक बंदरगाह की स्थापना ने रेत की पट्टियों का निर्माण किया है, जो कि पुलिकाट झील के समुद्र में खुलने वाले मुँह को बंद करने और उच्च ज्वार के दौरान झील में समुद्र के पानी के प्रवेश को रोकने का कारण है। पुलिकाट झील प्राचीन काल से ही एक बड़ा मछली पकड़ने का केंद्र रहा है। पुलिकाट झील में विशेषतः खारे पानी का मत्स्य पालन होता है, जिसमें झींगे विशेष रूप से सफेद और टाइगर झींगे, कीचड़ या लैगून केकड़ों, म्यूलेट्स की तरह मछली, बिल्ली मछली, खाद्य सीप आदि शामिल हैं। इसके अलावा, पुलिकाट झील में जंतु समूह की एक समृद्ध जैव विविधता है। 52 गाँवों से लगभग 30,000 मछुआरे अपनी आजीविका के लिए झील पर निर्भर करते हैं।

श्रीहरिकोटा के आदिवासी (यानादी)

जैसा कि सबको विदित है कि प्राचीन समय से ही श्रीहरिकोटा द्वीप में आदिवासी जनजातियों का निवास था और इनको यानादी नाम से पुकारा जाता था। यानादियों का प्रारंभिक संकेत सन् 1835 में पाया जाता है, जब श्रीहरिकोटा अंग्रेजों के कब्जे में आया था। ब्रिटिश अधिकारियों ने जंगली और अजीब जनजाति के रूप में उनका वर्णन किया। वन उत्पादों को ढोने के लिए ब्रिटिश लोगों ने पुरुषों द्वारा धक्का देकर रेल ट्रैक पर चलने वाली ट्रॉलियों से द्वीप के भीतर एक परिवहन प्रणाली की स्थापना की। द्वीप के सभी महत्वपूर्ण स्थान

इस रेल प्रणाली से जोड़े गए थे। विभाग द्वारा सन् 1969 में द्वीप का कब्जा लिये जाने तक भी यह रेल / ट्राली प्रणाली आंध्र प्रदेश सरकार के वन विभाग द्वारा उपयोग में लाई जाती थी। ब्रिटिश लोगों ने यानादियों को जंगल के उत्पादों को एकत्रित करने और आग जलाने के लिए लकड़ी काटने की मजदूरी में लगा दिया। मुख्य भूमि (जंगल के बाहरी विकसित क्षेत्रों) से द्वीप के अलगाव ने यानादियों के जीवन को बहुत प्रभावित किया है। वे ज्यादातर जंगल के अंदरूनी हिस्सों में ही विचरण करते थे, जिसके कारण बमुश्किल ही कभी वे लोग द्वीप के बाहरी लोगों द्वारा देखे जाते थे। इस अलगाव के कारण ही उनके रीति-रिवाज भी बहुत प्राचीन काल के थे। वे लोग शिकार के लिए न तो कोई विशेष उपकरण का प्रयोग करते थे और न ही वे लोग बेडा नौका (Rafts) या नौकाओं का उपयोग करते थे। यानादी लोग अल्प वस्त्र ही ग्रहण करते थे, पुरुष प्राय: धोती पहनते थे और और महिलाएँ भी न्यूनतम कपड़े पहनती थीं। शादियों या अंत्येष्टि के अवसरों पर यानादी लोग चेंचू देवता की पूजा करते थे। वे अपने रोगों का इलाज करने के लिए अपने देवताओं का आह्वान करने के लिए 'रंगम' नामक एक अनुष्ठान का आयोजन करते थे। वे व्यास में 2 मीटर के लाठी के वृत्तीय फ्रेम से बने और खजूर के पत्तों के साथ ढके झोंपड़ियों में रहते थे। इन झोंपड़ियों का ऐसा आकार हवाओं के लिए न्यूनतम प्रतिरोध उत्पन्न करता था, जिसके कारण झोंपड़ियाँ चक्रवाती तूफान के प्रकोप का सामना कर सकती थीं। झोंपड़ियों में एक छोटा सा द्वार होता था, जिसके द्वारा वे झुक कर इसके अंदर और बाहर आया जाया करते थे। उनके घरों में कोई फर्श, चटाई या पलंग नहीं होता था। उनका पूरा जीवन रेतीली मिट्टी से जुड़ा था और सचमुच में वे इसी रेत पर पैदा होते थे, उसी पर रहते थे, उसी पर मर जाते थे और उसी में दफन कर दिए जाते थे। वे लोग अपनी ईमानदारी के लिए जाने जाते थे।

यानादियों को उनके जंगल के बारे में व्यापक और व्यावहारिक ज्ञान था। वे अपने भोजन के लिए जड़ें, फल, पत्तियाँ और शहद इकट्ठा करते थे। उन्होंने चिकित्सा में जड़ी बूटियों और जड़ों के गुणों को अपने अनुभव से सीखा था। जंगल की वनस्पति में हर बीमारी का उपाय है। ब्रिटिश लोगों के लिए वे साबुन, अखरोट, इमली, जड़ और छाल एकत्र किया करते थे, जिसका रंगाई में और औषधीय प्रयोजनों के लिए उपयोग किया जा सकता था। यानादी अच्छे धावक थे, क्योंकि शिकार के दौरान वे लक्ष्य के पीछे सचमुच अच्छा दौड़ते थे। उनके पास पैर के निशानों का पीछा करके जानवरों को खोज निकालने की उल्लेखनीय क्षमता थी। जिस प्रकार हम आसानी से चेहरे पहचानते हैं, ठीक उसी प्रकार वे पैर के निशान को देखकर किसी व्यक्ति की पहचान कर सकते थे।

कहीं और मुख्य भूमि में पुनर्वासित किए जाने और पूरी तरह से अलग परिस्थिति में रहने के लिए अपने को अनुकूल करने में असमर्थ यानादी वापस श्रीहरिकोटा लौट आए। इस कारण प्रो. सतीश धवन इनके कल्याण के बारे में बहुत ज्यादा चिंतित हो गए थे। उनकी जरूरतों को बेहतर ढंग से समझ पाने और यानादी जनजाति के मानवशास्त्रीय अध्ययन शुरू करने के लिए उन्होंने शोधकर्ताओं के एक समूह का गठन किया। नवंबर 1976 में श्री विनोद अग्रवाल के नेतृत्व में दो शोधकर्ताओं का एक दल—श्री सुधाकर राव और श्री पी.सी. गुरिवी रेड्डी इस अनुसंधान परियोजना में शामिल हो गए। दोनों शोधकर्ता श्रीहरिकोटा में ही रहते थे

और जंगल के अंदर विभिन्न स्थानों पर रहने वाले यानादियों के साथ बहुत बारीकी के साथ बातचीत किया करते थे। यह दो वर्ष की एक परियोजना थी। उन्होंने अपनी अंतिम रिपोर्ट वर्ष 1982 में प्रस्तुत की। इसी दौरान शार के अधिकारियों ने विभिन्न सुविधा भवनों में बागवानी के विकास के अतिरिक्त विशाल जंगल और नए वनीकरण कार्यक्रम के रख-रखाव में भी यानादियों की सेवाओं का उपयोग करने का फैसला किया। यहाँ तक कि उनको आवासीय बस्ती (कॉलोनी) से दूर उनके काम करने की अपनी ही जगह के करीब रहने की अनुमति दी गई। यानादियों के द्वारा बसायी हुई एक प्रमुख कॉलोनी स्प्रोब (ठोस प्रणोदक अंतरिक्ष बूस्टर संयंत्र 'SPROB') से कुछ किलोमीटर की दूरी पर पेनुबक्कम (Penubakkam) में स्थित है। राज्य सरकार ने एक प्राथमिक विद्यालय खोला और उनके अपने व्यक्तियों में से ही एक के द्वारा संचालित एक राशन की दुकान भी खोली गई। शार प्रबंधन के आशीर्वाद से कुछ उत्साही कर्मचारियों ने यानादी कल्याण समिति का गठन करने की पहल की। कई कर्मचारियों के मासिक वेतन से नाममात्र योगदान द्वारा एकत्र की गई राशि को कल्याण गतिविधियों को चलाने के लिए उपयोग किया जाता है। शार की चिकित्सा समूह (मेडिकल टीम) ने अपने अस्पताल में नि:शुल्क चिकित्सा उपचार उपलब्ध कराने के अलावा नियमित साप्ताहिक यात्राओं का आयोजन किया और उसके तहत संपूर्ण चिकित्सीय जाँच का बीड़ा उठाया। शार की अपनी यात्राओं के दौरान प्रोफेसर धवन इस कॉलोनी का दौरा करने और उनके साथ बातचीत करने के अवसर को कभी नहीं चूकते थे। यानादियों के कल्याण के लिए उनकी चिंता ने शार टीम को कई दशकों तक उनकी देखभाल करने के लिए प्रेरित किया।

शार के मुख्य द्वार के बहुत करीब सबरी कॉलोनी नामक एक नई कॉलोनी बनाई गई, जहाँ सभी यानादी परिवार निवास करने के लिए आ गए। प्रत्येक परिवार को जमीन का एक भूखंड आवंटित किया गया और मकानों के निर्माण के लिए सामग्री की मदद प्रदान की गई। कॉलोनी में अच्छी तरह से सड़कों, स्ट्रीट लाइटिंग, घरों के लिए बिजली, पीने योग्य पानी और एक सामुदायिक भवन की स्थापना की गई है। उनके बच्चों की शिक्षा की आवश्यकता को पूरा करने के लिए कॉलोनी के करीब एक समर्पित प्राथमिक विद्यालय और उच्च विद्यालय को स्थापित किया गया। प्राथमिक स्कूल में पढ़ने वाले बच्चों की संख्या 92 और हाई स्कूल में 20 थी। अब इस कॉलोनी में यानादियों के 350 परिवार रहते हैं, जिनकी कुल जनसंख्या 1300 है। 1961, 1971 और 1977 के पहले के आँकड़ों में एक उल्लेखनीय वृद्धि हुई है, जैसा कि वर्ष 1977 में 519 की कुल जनसंख्या के साथ 134 परिवारों को अनुसंधान समूह की रिपोर्ट में सूचित किया गया था। पिछले तीन दशकों में शार में यानादियों की जनसंख्या दोगुनी से भी अधिक हो गई है। यह खुशी की बात है कि शार में यानादी लोग शार समुदाय के अभिन्न अंग बन गए हैं और लगातार उनको वन संबंधी कार्यों, स्वास्थ्य देखभाल और शिक्षा के आवंटन में विशेष ध्यान मिल रहा है।

भूमि अधिग्रहण

सन् 1960 में डॉ. विक्रम साराभाई ने अंतरिक्ष में अपनी दूरदर्शिता दिखाते हुए श्री ई.वी. चिटनिस को

राकेट प्रक्षेपण के लिए भारत के तट पर उपयुक्त प्रक्षेपण स्थल खोजने हेतु नियुक्त किया। उनका साथ देने के लिए श्री बी.पी. काले को एक उत्कृष्ट प्रमोचन मंच विकसित करने के लिए चुना गया। मार्च 1968 में आंध्र प्रदेश सरकार के प्रतिनिधि श्री आबिद हुसैन के साथ श्री ई.वी. चिटनिस और श्री बी.पी. काले ने श्रीहरीकोटा का विस्तृत सर्वेक्षण करके इस स्थल के मानचित्र डॉ. विक्रम साराभाई को प्रस्तुत किए।

26 नवंबर, 1968 को श्री आर.डी. जॉन ने सुल्लुरुपेटा के चर्च भवन (church building) में परियोजना का कार्यालय शुरू कर दिया। सिविल इंजीनियरिंग टीम ने वर्ष 1969 के शुरुआत में काम शुरू कर दिया था।

चर्च भवन, सुल्लुरुपेटा में शुरू किया गया परियोजना का कार्यालय

डॉ. साराभाई की प्रथम श्रीहरिकोटा यात्रा

26 मई, 1969 को प्रथम बार डॉ. साराभाई ने श्रीहरिकोटा की यात्रा की। अपनी प्रथम यात्रा में डॉ. साराभाई TERLS और SSTC के कुछ इंजीनियरों के साथ श्रीहरिकोटा में आए थे। डॉ. साराभाई ने पैदल ही समुद्र तट के साथ साथ टहलते हुए लगभग 10 किलोमीटर की दूरी तक के क्षेत्र का सर्वेक्षण किया। श्री विक्रम साराभाई ने स्थानीय यानादी आदिवासियों को अंग्रेजी भाषा में ही संबोधित किया और जिसका अनुवाद स्थानीय कलेक्टर के द्वारा यानादियों के लिए उपलब्ध कराया गया। ज्यादातर आदिवासी जो द्वीप के बाहर नहीं गए थे, उन्होंने श्री साराभाई को एक राजा के समान मान दिया, जो कि उनके जीवन में महत्वपूर्ण परिवर्तन लाने जा रहा था।

अगस्त 1968 में डॉ. विक्रम साराभाई ने 'दि हिंदू (The Hindu)' के विमान के द्वारा श्रीहरिकोटा का हवाई सर्वेक्षण करके यह निर्णय लिया था कि इसे जल्द-से-जल्द अधिग्रहण करना चाहिए। अक्तूबर 1968 में डॉ. विक्रम साराभाई ने आंध्र प्रदेश के मुख्यमंत्री से मिल कर अवगत कराया कि श्रीहरिकोटा को अंतरिक्ष की गतिविधियों के लिए विकसित कराया जाएगा। अक्तूबर 1968 में आंध्र प्रदेश सरकार ने लगभग 43360 एकड़ भूमि अंतरिक्ष विभाग को स्थानांतरित की। भारत सरकार ने फरवरी 1969 में श्रीहरिकोटा को एक राकेट प्रक्षेपण करने के लिए मान्यता प्रदान की।

प्रो. सतीश धवन का संक्षिप्त जीवन परिचय

श्रीहरिकोटा में स्थापित इसरो के अंतरिक्ष केंद्र का नाम इस केंद्र के एक पूर्व निदेशक प्रो. सतीश धवन की स्मृति में सितंबर 2002 में सतीश धवन अंतरिक्ष केंद्र, शार (एस.डी.एस.सी., शार) के रूप में रखा गया है। प्रो. सतीश धवन वर्ष 1972 से 1984 तक इसरो के अध्यक्ष भी थे। आइए इस केंद्र की प्रेरणा प्रो. सतीश धवन के बारे में कुछ संक्षिप्त जानकारी लेते हैं।

लाहौर के पंजाब यूनिवर्सिटी से आए सतीश धवन देश के महान वैज्ञानिकों में से एक थे, जिनका जन्म श्रीनगर की खूबसूरत वादियों में 25 सितंबर 1920 को हुआ था। उन्होंने लाहौर की पंजाब यूनिवर्सिटी से गणित और भौतिक विज्ञान में स्नातक किया। इसके बाद उन्होंने अंग्रेजी साहित्य में स्नातकोत्तर और फिर अभियांत्रिकी स्नातक (बीई) की पढ़ाई की। इसके बाद सतीश धवन अमेरिका गए, जहाँ पर उन्होंने मिन्नेसोटा यूनिवर्सिटी से एरोनॉटिकल इंजीनियरिंग में एमएस किया। इसके बाद उन्होंने कैलिफोर्निया इंस्टीट्यूट ऑफ टेक्नोलॉजी से एयरोस्पेस इंजीनियरिंग की पढ़ाई पूरी की। वैज्ञानिक धवन के कई अहम परियोजनाओं में से एक है शॉक वेव्स का अध्ययन करना और यह सुपरसोनिक फ्लाइट के लिए काफी अहम बिंदु होता है। सतीश धवन को 'फादर ऑफ एक्सपेरीमेंटल फ्लूइड डायनैमिक्स' कहा जाता है। इसके तहत वातावरण में मौजूद गैसों के फ्लो (चाल/ गति) के बारे में पता लगाया जाता है। भले ही सतीश धवन देश के एक महान वैज्ञानिक हों, लेकिन उन्होंने कभी भी खुद को एक सफल और महान वैज्ञानिक नहीं माना। उन्होंने हमेशा ही खुद को एक अध्यापक ही करार दिया। अपने इंटरव्यू में वह हमेशा इस बात पर जोर देते कि उनका मकसद देश के युवाओं को बेहतर वैज्ञानिक बनाना है। पूर्व प्रधानमंत्री इंदिरा गांधी ने एक बार धवन के सामने देश के अंतरिक्ष कार्यक्रम से जुड़ने के लिए जोर-शोर से कहा। लेकिन धवन ने उन्हें विनम्रता के साथ मना कर दिया। धवन चाहते थे कि उन्हें इंडियन इंस्टीट्यूट ऑफ साइंस (आई.आई.एस.सी.) का निदेशक ही बने रहने दिया जाए। प्रोफेसर धवन आई.आई.एस.सी. में एरोनॉटिकल इंजीनियरिंग विभाग में शामिल होकर इसका हिस्सा बने थे। इसके बाद चार वर्षों तक उन्होंने इस विभाग को बतौर प्रमुख अपनी सेवाएँ दीं। सात वर्ष के अंतराल में यानी सिर्फ 42 वर्ष की आयु में वह इस इंस्टीट्यूट के निदेशक बन गए। सतीश धवन ही वह पहले वैज्ञानिक थे, जिन्होंने देश की पहली सुपरसोनिक टनल बिल्डिंग के प्रमुख के तौर पर जिम्मा सँभाला था। सुपरसोनिक विंड टनल जहाँ पर सुपरसोनिक स्पीड में किसी विमान की क्षमता का परीक्षण किया जाता

चित्र : प्रो. सतीश धवन

है। प्रोफेसर धवन ही वह वैज्ञानिक थे, जिन्होंने 60 के दशक में यात्री विमान एवरो यानी एच.एस.–748 की सुरक्षा से जुड़ी चिंताओं को दूर किया था। उन्होंने उस समय तकनीक के लिहाज से सबसे उन्नत इस एयरक्राफ्ट से जुड़े एक इंक्वॉयरी कमीशन का नेतृत्व किया था। वर्ष 2002 में प्रो. सतीश धवन का निधन हो गया। सतीश धवन को भारतीय अंतरिक्ष कार्यक्रम की शुरुआत करने वाले एक और महान वैज्ञानिक विक्रम साराभाई के बाद ऐसे वैज्ञानिक के तौर पर जाना जाता है जिसने देश के अंतरिक्ष कार्यक्रम को सही मायनों में दिशा दी।

चतुर्थ अध्याय

श्रीहरिकोटा की ऐतिहासिक धरोहर

श्रीहरिकोटा में मूलत: यानादी नामक आदिवासी प्रजाति का निवास था। सन् 1969 में यहाँ 14 गाँव थे, जिनमें लगभग 1642 परिवार रहते थे। प्रमोचन केंद्र स्थापित करने के समय यानादी लोगों को पुनर्वासित किया गया। कहा जाता है कि इन सभी गाँवों के अपने-अपने ईष्ट देवता होते थे, जिन्हें मंदिरों में पूजा जाता था। इन मंदिरों के वास्तुकला निर्माण पर आंध्र प्रदेश और तमिलनाडु की मध्यकालीन वास्तुकला की छाप पाई जाती है। मंदिर निर्माण, वास्तुकला, पत्थर एवं कांस्य की मूर्तियाँ 800 ए.डी. में प्रचलित कला का नमूना है।

एस.एल.वी-3 एवं ए.एस.एल.वी यानों के प्रक्षेपण के समय, पुलिनचेरी कुप्पम से लेकर करिमनल के बीच (12 कि.मी) रहने वाले जनजाति लोगों को सुरक्षित स्थानों पर ले जाया करते थे। संरक्षा की दृष्टि से यह आवश्यक हो गया कि इस भूमि को भी मुख्य द्वीप के साथ मिलाया जाए। भावी प्रमोचनों को देखते हुए अंतरिक्ष विभाग ने 5400 एकड़ पुरातात्विक संपदा वाली भूमि को भी श्रीहरिकोटा के साथ मिला दिया। भूमि अधिग्रहण के पश्चात् सन् 1983 में श्रीहरिकोटा द्वीप में पुरातात्विक गतिविधियों ने जोर पकड़ा। भारतीय पुरातत्व सर्वेक्षण के पूर्व अतिरिक्त महानिदेशक डॉ. के.वी. सौंदरा राजन (Dr. K V Soundara Rajan) ने एक लेख 'श्रीहरिकोटा और इसकी सांस्कृतिक विरासत' में लिखा है कि "श्रीहरिकोटा के स्मारकीय विरासत, बहुमूल्य और ऐतिहासिक हैं।" पुरातात्विक खोजों में जो बहुमूल्य संपदा प्राप्त हुई उनका संक्षिप्त वर्णन निम्नलिखित है।

ऐतिहासिक धरोहर एवं सांस्कृतिक विरासत

कोथाचेनू

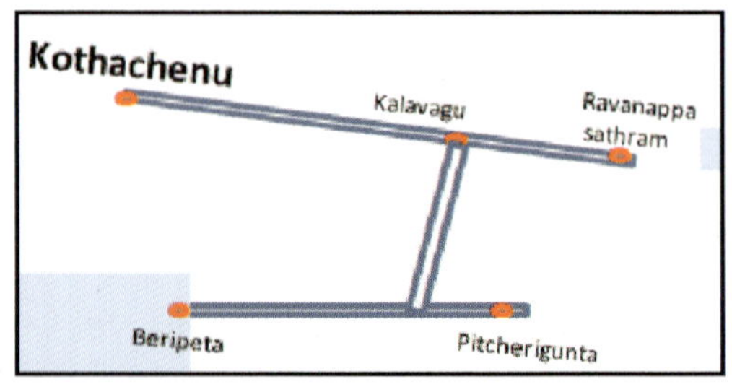

तेलगू में कोथाचेनू का अर्थ है 'नए धान के खेत'। इस गाँव कोथाचेनू में सभी अन्य गाँवों से आकर यहाँ पर खेतिहार मजदूर ब्रिटिश कार्यकाल में बस गए थे। सन् 1879 में इस गाँव में वन रेंज अधिकारी का मुख्यालय स्थापित किया गया। मद्रास के वन संरक्षा अधिकारी ने वन संपदा एवं ईंधन वाली लकड़ी को बालूभरे द्वीप से बकिंघम कैनाल तक ले जाने के लिए ट्राम गाड़ी की पटरी बिछवाई। सन् 1890 में कलकत्ता की हडसन एंड हंसलाइट (Hudson and Hansalite) कंपनी ने श्रीहरिकोटा के लिए ट्राम लाइनों और ट्रकों (pushing trucks) की आपूर्ति की। इन उपकरणों को कलकत्ता से मद्रास तक ट्रेन द्वारा तथा मद्रास से श्रीहरिकोटा तक नौकाओं द्वारा लाया गया था। ब्रिटिश शासन काल में सुख सुविधा के लिए यहाँ पर वन विभाग का दफ्तर, वन

अतिथि गृह और सहकारी भंडार गृह बनाए गए। द्वीप के मूल निवासियों के लिए कोथाचेनू में सबसे पहला डाकघर एवं विद्यालय स्थापित किए गए।

नायडू भवन

श्री कोनेरु सुब्बारायलू ने 1900 में इस भव्य इमारत को बनवाया था। इस भवन में बड़े-बड़े कमरे, दरवाजे एवं खिड़कियाँ हैं, जिन्हें रंगून टीक से बनवाया गया था। कमरों की छतों की धरनी भी टीक की लकड़ी से बनी थी। प्रवेश द्वार पर चार मकबरों से घिरा हुआ मेहराब था जो कि पेरनाडु गाँव से लाए गए कैल्सियम और चूने के मिश्रण से बना था। यह भवन 1999 तक आंध्र प्रदेश पुलिस के पास था। लेकिन इसकी जर्जर स्थिति को देखते हुए सन् 2000 में इसका परित्याग कर दिया गया। इस जगह पर अब इस भव्य इमारत के अवशेष ही पाए जाते हैं।

वेंकटेश स्वामी मंदिर

श्रीहरिकोटा के मूल निवासी यानादी परंपरा के अनुसार अपने मान्य देवी-देवताओं की पूजा नीम के पेड़ के नीचे करते थे। इस कारण नीम के पेड़ों के नीचे अनेक मंदिर खंडहर अवस्था में पाए गए हैं। सन् 1959 तक कोई भी स्थायी मंदिर नहीं था। अत: मूल निवासियों की सुविधा के लिए सन् 1959 में वन संरक्षण अधिकारी श्री बनर्जी ने भगवान् विष्णु के मंदिर की आधारशिला रखी। सन् 1960 में इस मंदिर का कुंभाभिषेक किया गया। इस मंदिर के मुख्य द्वार के ऊपर हाथ जोड़े हुए हनुमान जी को स्थापित किया गया था। श्रीहरिकोटा के अंतरिक्ष केंद्र बनने के बाद यहाँ के निवासी विस्थापित हो गए और उचित देख-रेख नहीं होने के कारण मंदिर जीर्ण-शीर्ण अवस्था में आ गया है। मंदिर में स्थापित भगवान् वेंकटेश्वर स्वामी की मूर्ति को ब्रह्मप्रकाश पुस्तकालय के प्रांगण में स्थित संग्रहालय में रखा गया है।

भगवान् बुद्ध की मूर्ति

श्रीहरिकोटा द्वीप में भगवान बुद्ध की मूर्तियों की खोज एक गौरवशाली इतिहास की ओर संकेत करती है। इन मूर्तियों से यह पुष्टि होती है कि मौर्य शासन 38 ई. पू. में श्रीहरिकोटा तक फैला हुआ था। यह मान्यता है कि बौद्ध भिक्षुक, सम्राट अशोक के पुत्र एवं पुत्री संघमित्रा ने कृष्णपट्टनम बंदरगाह (श्रीहरिकोटा से 15 कि.मी. दूर) से सिलोन (श्रीलंका) और बर्मा (म्याँमार) की यात्रा की थी। श्रीहरिकोटा द्वीप से भगवान् बुद्ध की तीन मूर्तियाँ पाई गईं। तीनों मूर्तियाँ योग मुद्रा में तल्लीन भगवान् बुद्ध की है। इन मूर्तियों में भगवान बुद्ध के कान बड़े-बड़े हैं, आँखें बंद है और बालों को एकत्रित कर सिर पर जूड़ा बनाया गया है। 12वीं सदी की एक पुरातत्व मूर्ति को सी.आई.एस.एफ. के मुख्यालय में रखा गया है। दूसरी मूर्ति नेल्लूर के पुरातात्विक संग्रहालय में रखी गई है और तीसरी श्रीहरिकोटा के निकट कोरिड़ी में रखी हुई है।

रावनप्पा सत्रम

प्राचीन समय में रामेश्वरम से काशी और काशी से रामेश्वरम की यात्रा करने वाले तीर्थयात्रियों के लिए यह आराम करने का स्थान था। इसलिए इस स्थान को सत्रम कहते हैं। सन् 1900 में मद्रास के वनसंरक्षक कार्यालय के श्री रावनप्पा ने श्रीहरिकोटा का दौरा किया तथा अधिकारियों के लिए एक अतिथिगृह का निर्माण किया। इस अतिथि गृह को आज भी रावनप्पा सत्रम के नाम से जाना जाता है और इसकी देख-रेख भलीभाँति की जाती है। भवन के पास 2 नक्काशी मौजूद है। एक कलिंग मर्दन शिला है। इसमें कलिंग के सरों पर भगवान् कृष्ण की सुंदर आकृति अंकित है। दूसरी शिला पर भगवान् कृष्ण के आसपास दो लिपटे हुए साँप है। प्राचीन काल में बोया जाति के लोग नाग देवस्थान की आराधना करते थे।

कस्पाकुप्पम मूलस्थानपम्मा गुड़ी

मछुआरे तथा मुदलियारों की सहायता से कस्पाकुप्पम के पेद्दा चेट्टी श्रीअंकैय्या द्वारा इस मंदिर का निर्माण सन् 1940 में हुआ था। इसका रख-रखाव सन् 1970 तक किया गया।

पल्लीवेदी टाइल्स भवन

6 कमरे और 4 हॉल वाले इस भवन का निर्माण सन् 1980 में मद्रास से लाई हुई ईंटों और टाइल्स से किया गया था। यह द्वीप पर टाइल्स द्वारा निर्मित पहला भवन था। इसमें बीम तथा छतों को सहारा देने के लिए रंगून सागौन

का उपयोग किया गया है। सभी दरवाजे और खिड़कियाँ केवल सागौन की बनी है।

चिनरेट्टा मूल आंकरेड्डी—स्वामी रेड्डी स्मारक भवन

सन् 1920 में आकिरेड्डी स्वामी रेड्डी के परिवार के लोगों ने उनकी स्मृति हेतु निर्मित किया था। इस गाँव चिनरेट्टा मूल के नाम की उत्पत्ति चिन्नारेखा मूल से हुई है। इसका अर्थ यह है कि हम गाँव के दक्षिण भाग की ओर सूर्योदय देख सकते हैं। सभी गाँवों में सूर्योदय पूर्व दिशा में होता है, किंतु यहाँ सूर्य की किरणें मूल भाग में दिखती हैं।

चेन्नुगरी पालेग वेणुगोपाल स्वामी मंदिर

यह एक अद्भुत मंदिर है। इस मंदिर के गर्भ गृह में कोई भी मूर्ति नहीं है। इस मंदिर में लोग भगवान् श्री कृष्ण के चित्र की आराधना करते थे। काशी से लाए हुए एक ग्रेनाइट पत्थर पर आराधना और अभिषेक करते थे।

पुलिंगेरी कुप्पम पेद्दा पलयवता अम्मा मंदिर

मछुआरों के गाँव को कुप्पम कहते हैं। मुख्यत: सभी मछुआरे समुद्र के किनारे

ही रहते हैं। मछुआरों के इस गाँव में कोई मंदिर नहीं था इसलिए पेद्दा चेट्टी तथा चिन्ना चेट्टी की सहायता से मछुआरे ने सन् 1964 में पेद्दा पलयताअम्मा मंदिर का कुंभाभिषेक किया।

पुलिंगेरी कुप्पम वेंकटेश्वर स्वामी मंदिर

मछुआरे केवल ग्राम देवी की ही नहीं बल्कि भगवान् वेंकटेश्वर की भी पूजा करते थे। सन् 1964 में निर्मित इस मंदिर के अंदर कोई मूर्ति नहीं है केवल चित्र रखने के लिए छज्जा है। मंदिर की दीवारों पर भगवान् के चित्र हैं। लोग यहाँ भगवान् वेंकटेश्वर की पूजा करते थे। यह मंदिर आजकल खंडहर हो गया है।

मावलयम शिवलिंग

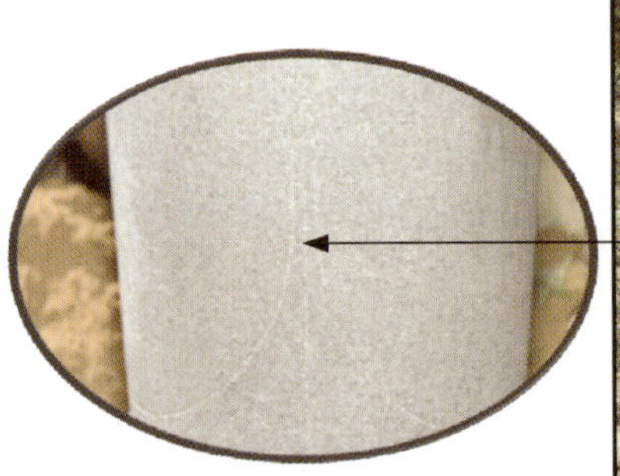

मावलम को प्रायः मावलयम कहा जाता है। ब्रिटिश लोगों के द्वारा द्वीप के सर्वेक्षण के समय, गाँव के लोगों ने ब्रिटिश अधिकारियों को अपने परिसर यानी मावालयम (Mavalayam) में प्रवेश करने से रोक दिया। ब्रिटिश अधिकारियों को उन गाँववालों पर बहुत क्रोध आया और इसीलिए ब्रिटिश अधिकारियों ने मात्र इस गाँव को पट्टे पर छोड़कर आरक्षित वन की संपूर्ण भूमि पर ईस्ट इंडिया कंपनी का आधिपत्य कर दिया। द्वीप के उत्तर की ओर के सभी गाँव आरक्षित वन के अंतर्गत ही आते थे। शिवलिंगम एक पेड़ के पास ही स्थापित है, लेकिन यहाँ नंदी और पनुवट्टम नहीं है। शिवलिंग के पास ईंट के छोटे टुकड़े उपलब्ध हैं। यह मंदिर की उपस्थिति को इंगित करता है।

कंथरिस कुप्पम या आरती थोता शिवलिंगम

रायाडोरुवु आउटपोस्ट (Rayadoruvu outpost) से ½ कि.मी. की दूरी पर एक बड़ा शिवलिंग पड़ा हुआ मिला था। शिवलिंग की विपरीत दिशा में एक नंदी बैठे हुए स्थिति में हैं। यह इस द्वीप

का नंदी के साथ सबसे बड़ा शिवलिंग है। इस नंदी को अपने मूल स्थान से थोड़ा हटाया गया और खजाने के लिए खुदाई की गई थी। इसीलिए शिवलिंग का निचला हिस्सा छतिग्रस्त हो गया था।

पिदातला वागु में द्वि शिवलिंगम

कंथरिस कुप्पम शिवलिंग से लगभग दो कि.मी. की दूरी पर झाड़ियों में दो और शिवलिंगम आसपास ही पड़े हुए मिले थे। जनजातियों द्वारा इन द्वि शिवलिंगम को पोथु तथा पेंती शिवलिंगम (पुरुष व स्त्री) कहा गया।

लिंगल कट्टा

यह शिवलिंग द्वीप के लगभग केंद्र और श्रीहरिकोटा के मुख्य भाग में स्थित है। लिंगल कट्टा के पास और भी कई शिवलिंग होने की संभावना है, जिन्हें खोजा जाना अभी शेष है। वर्तमान में कर्मचारियों, ठेकेदारों एवं कामगारों द्वारा इस शिवलिंगम की आराधना की जा रही है। एक ठेकेदार ने इस शिवलिंग को ऊपर से ढकने और चारों ओर से चाहरदीवारी की संरचना का निर्माण किया है। वहीं पास में ही तालाब के लिए खुदाई करते वक्त एक छोटा शिवलिंग और प्राप्त हुआ। इसे भी इस बड़े शिवलिंग के पास ही रख दिया गया है। यह छोटा शिवलिंग षटकोणीय (Hexagonal) आकार का है।

डी गुडी लाइट हाउस

यह जोनिंगा पालेम (Joninga Palem) तथा पेद्दा रेट्टामूला (Pedda Rettamoola) के बीच बकिंघम नहर के किनारे पर स्थित है। इसके शीर्ष पर रखा प्रकाश वीनाडू में स्थित दरगाह से भी दिखाई देता है। इस लाइट हाउस को रात के समय में नाव द्वारा चिलका झील में यात्रा कर रहे यात्रियों की खातिर अंग्रेजों ने निर्मित करवाया था। इस लाइट हाउस ने टीपू सुल्तान और ब्रिटिश सैनिकों के बीच लड़ाई के दौरान गोलियों का भी सामना किया था।

इन सब पुरातात्विक संपदाओं के अतिरिक्त अनेक मंदिर पाए गए हैं, जिनमें से कुछ प्रमुख मंदिर हैं—श्री आंजनेय स्वामी मंदिर (बेरीपेट) चिन्नारेहामोल शिव मंदिर, श्री विष्णु मंदिर (पालीविधि), श्री वेंकटेश्वर मंदिर (नक्कादोरुवू कुप्पम) मुत्थालयम्मा और देसम्मा मंदिर करीमल में इन मंदिरों के अतिरिक्त, जोनिन गापलेय भी पाए गए हैं। इन सब मंदिरों, दरगाह, मस्जिद और भगवान् बुद्ध की मूर्तियों से हम विश्वासपूर्वक निष्कर्ष निकाल सकते हैं कि श्रीहरिकोटा के मूल निवासी (यानादी) सभी धर्मों का आदर करते थे। अतिथि गृह, डाकघर, विद्यालय ट्राम की पटरियों तथा अस्पताल के अवशेषों से हम कह सकते हैं कि यहाँ के मूल निवासी सर्वधर्म हिताय सर्वजन सुखाय में विश्वास करते थे। एक तरफ बंगाल की खाड़ी तथा तीन तरफ पुलिकाट लेक से घिरा होते हुए भी यह द्वीप इतिहास के मानचित्र पर अपना स्थान बनाए हुए था। पौराणिक, धार्मिक, ऐतिहासिक एवं व्यापारिक गतिविधियों से कभी अछूता नहीं रहा।

पंचम अध्याय

श्रीहरिकोटा में एस.डी.एस.सी. शार की स्थापना एवं विकास

बहुचरणीय (Multistage) राकेटों और उपग्रह प्रमोचन यानों के प्रमोचन की राष्ट्रीय रेंज की स्थापना के उद्देश्य से परमाणु ऊर्जा विभाग ने सन् 1969 में, 'श्रीहरिकोटा' नामक एक सुदूर, अगम्य द्वीप को अधिग्रहित किया था। उस समय से ही इस द्वीप ने एक 'आधुनिक स्पेस पोर्ट' के रूपांतरण को अनुभव किया है और नियमित रूप से सुदूर संवेदी, संचार, टेलीविजन प्रसारण, मौसम विज्ञान आदि अनुप्रयोगों के लिए विभिन्न प्रकार के उपग्रहों का प्रमोचन करता रहा है। अभी हाल में ही यहाँ से चंद्रयान-1 मिशन, मंगलयान मिशन और अपनी कक्षा से अलग हुए उपग्रहों को पुन: प्राप्त करना आदि कुछ प्रौद्योगिकीय रूप से चुनौतीपूर्ण मिशनों को सफलतापूर्वक पूरा किया गया है। इसरो ने सुदूर संवेदी उपग्रहों के मामले में भारी संचार उपग्रहों के प्रमोचन में आत्मविश्वास का परिचय दिया है। पुन: प्रयोग किए जाने वाले प्रमोचन यान, चंद्रमा की सतह पर एक जाँच अवतरण, मानव अंतरिक्ष मिशन आदि भविष्य के कुछ महत्वपूर्ण मिशनों में से है। इन सभी मिशनों में एस.डी.एस.सी. शार एक बड़ी भूमिका निभाएगा। पिछले चार दशकों में विकास की अविश्वसनीय कहानी, दिग्गजों के द्वारा निभाई गई भूमिका, उनकी दूरदृष्टि और स्वदेशी क्षमताओं में विश्वास आदि को इस अध्याय में संक्षिप्त रूप से बताया गया है। डॉ. विक्रम साराभाई और प्रो. सतीश धवन तथा उनके उत्तराधिकारियों ने कुशलतापूर्वक इस अंतरिक्ष केंद्र का नेतृत्व किया था और पथप्रदर्शक की भूमिका को बखूबी निभाया था। शुरुआत में, डॉ. साराभाई ने इस केंद्र को शार (SHAR) नाम दिया था (श्रीहरिकोटा रेंज, इसे कुछ लोगों ने भूल से 'शार उच्च ऊँचाई रेंज' (Sriharikota High Altitude Range) के रूप में समझ लिया, जो कि सही नहीं था)। संस्कृत में 'शार' शब्द का अर्थ तीर होता है जो कि क्रियाशीलता का प्रतीक है और डॉ. विक्रम साराभाई के द्वारा

चित्र 5.1 : एसडीएससी शार की नाम पट्टिका का अनावरण समारोह

दिए गए नाम के महत्व को भी दर्शाता है। प्रो. सतीश धवन जी के सम्मान में, तत्कालीन प्रधानमंत्री श्री अटल बिहारी वाजपेयी जी ने 5 सितंबर, 2002 को शिक्षक दिवस के सुअवसर पर, इस केंद्र का नाम बदलकर सतीश धवन अंतरिक्ष केंद्र शार (SDSC SHAR) रख दिया। श्री अटल बिहारी वाजपेयी जी ने नई दिल्ली से उपग्रह संपर्क (Satellite link) तकनीकी के द्वारा, केंद्र की नाम पट्टिका का अनावरण किया था।

उपग्रह प्रमोचन यान संबंधी सुविधाएँ और उनका विकास

तीन प्रमुख वैज्ञानिकों ने प्रो. सतीश धवन और डॉ. ब्रह्मप्रकाश के सक्षम मार्गदर्शन के तहत शार के विकास की जिम्मेदारी ली। ये तीनों लोग अंतरिक्ष विज्ञान और प्रौद्योगिकी केंद्र (SSTC) में कार्यरत थे, जो कि बाद में वी.एस.एस.सी. का ही हिस्सा बन गया। इनके नाम क्रमशः डॉ. वाई. जनार्दन राव (वायुगतिकी विभाग में प्रधान के पद पर कार्यरत), डॉ. ए. ई. मुथुनायकम (नोदन विभाग में प्रधान के पद पर कार्यरत), और डॉ. वी.आर. गोवारीकर (नोदक अभियांत्रिकी विभाग में प्रधान के पद पर कार्यरत) थे। पूरी तरह से शार के विकास पर ध्यान केंद्रित करने के लिए, डॉ. वाई. जनार्दन राव ने वी.एस.एस.सी. में अपने पद को छोड़ दिया था और परियोजना निदेशक के तौर पर शार में ही रहने लगे थे। श्रीहरिकोटा में प्रमोचन सुविधाओं को स्थापित करने के लिए संपूर्ण कार्य को पाँच परियोजनाओं में वर्गीकृत किया गया था—

(1) श्रीहरिकोटा प्रमोचन परिसर (SLC – Sriharikota Launch Complex)

(2) रॉकेट स्लेज सुविधा (RSF – Rocket Sledge Facility)

(3) श्रीहरिकोटा कॉमन सुविधाएँ (SCF – Sriharikota Common Facilities)
इन सभी तीनों परियोजनाओं को डॉ. वाई. जनार्दन राव की अगुवाई में संचालित किया गया।

(4) डॉ. ए. ई. मुथुनायकम के नेतृत्व में स्थैतिक परीक्षण और मूल्यांकन परिसर (STEX – Static Test And Evaluation Complex)

(5) डॉ. वी. आर. गोवारीकर के नेतृत्व में ठोस प्रणोदक अंतरिक्ष बूस्टर संयंत्र (SPROB – Solid Propellant Space Booster Plant)

सन् 1975-1976 में रॉकेट स्लेज सुविधा परियोजना का कार्यान्वयन रोक दिया गया।

अन्य तकनीकी गतिविधियों की शुरुआत करने के लिए, श्री आर. डी. जॉन के नेतृत्व में सिविल अभियांत्रिकी विभाग ने सभी आवश्यक सिविल कार्यों को समय पर पूरा करके एक शानदार भूमिका निभाई थी। ऐसा उन्होंने अपने निजी जीवन के प्रतिकूल परिस्थितियों और कठिनाइयों के बीच रहकर भी कर दिखाया था।

विभिन्न प्रकार के परिज्ञापी (Sounding) रॉकेटों के उड़ान परीक्षण के लिए आवश्यक आधारभूत सुविधाओं का निर्माण, प्रथम पीढ़ी के उपग्रह प्रमोचन यान एस.एल.वी.-3, ठोस प्रणोदक रॉकेट मोटरों

और प्रमोचन यान की अन्य उप-प्रणालियों की योग्यता और स्थैतिक परीक्षण की सुविधाओं का मूल्यांकन, ठोस प्रणोदक उत्पादन के लिए एक संयंत्र और उपग्रह अनुवर्तन, आँकड़ा अर्जन एवं कमांडिंग के लिए भू-स्टेशनों के नेटवर्क का निर्माण आदि सन् 1969-1979 के दशक में शार केंद्र के तेजी से विकास की प्रमुख घटनाएँ थीं। कर्मचारियों और परिचालन संबंधी आवश्यकताओं की बुनियादी जरूरतों को पूरा करने के लिए विद्युत् शक्ति, दूरसंचार, आवास और स्वास्थ्य देखभाल जैसी मूलभूत सुविधाओं का निर्माण किया गया। इन आधारभूत संरचनाओं के निर्माण में द्वीप की दूरी ने एक बाधक का काम किया।

प्रमोचन परिसरों की स्थापना और सुविधाओं का विकास

एस.एल.वी.-3 की सफलता के बाद इसरो ने भारी प्रमोचन यान ए.एस.एल.वी. और पी.एस.एल.वी. के विकास पर कार्य प्रारंभ कर दिया था। उसके कुछ ही समय बाद जी.एस.एल.वी. मार्क-II और जी.एस.एल.वी. मार्क-III के विकास पर भी कार्य प्रारंभ कर दिया गया। ए.एस.एल.वी. और पी.एस.एल.वी. का विकास कार्य लगभग एक साथ ही शुरू किया गया था। एस.एल.वी.-3 के लिए बनाई गई सुविधाओं का उपयोग करते हुए उसी परिसर में ए.एस.एल.वी. के लिए एक नया प्रमोचन मंच (Launch Pad) निर्मित किया गया। एस.एल.वी.-3 के विपरीत, ए.एस.एल.वी. में स्ट्रैप-ऑन थे और उनको ऊर्ध्वाधर तरीके से जोड़ने के लिए ही इस नए प्रमोचन मंच को बनाना पड़ा। ऊर्ध्वाधर समाकलन की सुगमता के लिए, 40 मीटर लंबा और लगभग 500 टन वजन की एक चलायमान सेवा संरचना (Mobile Service Structure) बनाई गई थी। सन् 1987-1994 के दौरान, ए.एस.एल.वी. की

चित्र 5.2 : एमएसटी के साथ एएसएलवी

चारों उड़ानों का प्रमोचन इसी परिसर से किया गया था। एस.एल.वी.-3 और ए.एस.एल.वी. दोनों के प्रमोचन मंच अब उपयोग में नहीं हैं।

शार और सिविल अभियांत्रिकी विभाग के दलों के साथ परस्पर घनिष्ठ समन्वय स्थापित करने वाला वी.एस.एस.सी. का एक विशेष दल, एस.एल.वी.-3 परिसर की स्थापना का उत्तरदायी था, जिसे इसने बहुत ही सफलतापूर्वक कर दिखाया था। तत्पश्चात् शार के दल ने ए.एस.एल.वी. और पी.एस.एल.वी. के प्रमोचन परिसर की सुविधाओं को स्थापित करने का उत्तरदायित्व लेने के लिए दृढ़ता से अपने अपने पक्ष को रखा, जिसे स्वीकार कर लिया गया। ए.एस.एल.वी./ पी.एस.एल.वी. की एक प्रणाली परियोजना और इसरो रेंज परिसर (IREX) विस्तार परियोजना को प्रारंभ किया गया। इस निर्णय के दूरगामी प्रभाव के फलस्वरूप ही शार के रेंज दल ने, इसरो के प्रमोचन यानों के लिए प्रारूप, विकास, प्रचालन और रख-रखाव के क्षेत्र में आवश्यक विभिन्न प्रमोचन सुविधाओं में विशेषज्ञता को प्राप्त कर लिया था। इस विशेषज्ञता को देखने के बाद, इसरो के उच्च प्रबंधन के मन में शार की क्षमता के बारे में फिर कभी कोई भी संदेहात्मक विचार नहीं आया। इस विशेषज्ञता ने शार की तकनीकी दलों को प्रचालन और रख-रखाव की जिम्मेदारी निभाने के अतिरिक्त, नई सुविधाओं के विकास के चुनौतीपूर्ण कार्य में खुद को संलग्न करने के लिए अवसर प्रदान किया। ज्यादातर प्रमोचनों में, प्रमोचन परिसर की स्थापना और प्रमोचनों का प्रचालन खास प्रमोचन यान दलों द्वारा किया जाता था। रेंज दल की दूसरी पहल के रूप में प्रमोचन अभियान के दौरान प्रमोचन यान एकीकरण (Launch Vehicle Integration) की जिम्मेदारी उठाना था। स्थैतिक परीक्षण के लिए ठोस मोटरों की तैयारी के दौरान प्राप्त की गई विशेषज्ञता को उड़ान मोटरों के लिए उपयोग किया गया। क्रायो चरण (Cryo Stage) की तैयारी के दौरान रूसी दल के साथ काम करते हुए अर्जित की गई प्रौद्योगिकी से इस (क्रायो चरण की तैयारी) गतिविधि के लिए शार में ही एक विशेषज्ञ दल का गठन किया गया था। शार के एक अन्य दल ने पी.एस.एल.वी. और जी.एस.एल.वी. के सभी स्ट्रैप-ऑन खंडों को तैयार करने की जिम्मेदारी ली थी।

पी.एस.एल.वी. के लिए एक नया प्रमोचन परिसर सन् 1991 में निर्मित किया गया था और इस नए प्रमोचन परिसर से प्रथम उड़ान सन् 1993 में सम्पन्न हुई। बहुत भारी यान होने के अतिरिक्त, पी.एस.एल.वी. के दूसरे और चौथे चरण की सेवा करने के लिए पहली बार द्रव नोदक (Liquid Propellant) का उपयोग किया गया था।

पी.एस.एल.वी. की प्रथम उड़ान से पहले ही इसरो ने जी.एस.एल.वी. मार्क-II (MKII) के विकास को प्रारंभ कर दिया था। इस परियोजना को 1990 में ही सरकार की अनुमति मिल गई थी। पी.एस.एल.वी. प्रमोचन परिसर को ही उपयुक्त संवर्धन (augmentation) के द्वारा, जी.एस.एल.वी. मार्क-II के प्रमोचन के लिए उपयोग करने का फैसला किया गया था और इस परिसर को पी.एस.एल.वी. एवं जी.एस.एल.वी. दोनों के लिए ही उपयुक्त बनाने का फैसला किया गया था। द्रव नोदक UDMH,

N_2O_4 के थोक भंडारण बनाने के अतिरिक्त, प्रमोचन मंच के पास जी.एस.एल.वी. के तीसरे चरण की सेवा के लिए क्रायोजेनिक नोदक के भंडारण और परिवहन प्रणाली बनाने के लिए इसका संवर्धन किया गया था। प्रमोचन मंच को एक अतिरिक्त लाइटनिंग संरक्षण प्रणाली (Lightning Protection System) प्रदान किया गया, जो कि पहले चलायमान सेवा मीनार का एक हिस्सा था।

एक ही समय पर कई प्रमोचन यानों के परिचालन करने और प्रमोचनों के बीच समय के अंतर को न्यूनतम करने के उद्देश्य से एक और प्रमोचन परिसर का निर्माण करने का निर्णय लिया गया, जिसका पी.एस.एल.वी., जी.एस.एल.वी. मार्क-II और इसरो द्वारा विकसित किए जाने वाले भविष्य के प्रमोचन यानों के लिए उपयोग किया जाएगा। उस समय तक जी.एस.एल.वी. मार्क-III के विन्यास (Configuration) को अंतिम रूप नहीं दिया जा सका था। इसीलिए नए प्रमोचन मंच की प्रणालियों के संरूपण के लिए विकसित किए जाने वाले भविष्य के प्रमोचन यानों के सभी संभव विन्यासों पर विचार किया गया था। पी.एस.एल.वी. / जी.एस.एल.वी. MKII के लिए पहले से बने हुए प्रमोचन मंच को प्रथम प्रमोचन मंच (First Launch Pad) और सन् 2005 में निर्मित इस नए प्रमोचन मंच को द्वितीय प्रमोचन मंच (Second Launch Pad) का नाम दिया गया।

रेंज यंत्रीकरण में दूरमिति, अनुवर्तन, दूरादेश, संचार, कालन, सी.सी.टी.वी. प्रणालियाँ आदि शामिल हैं। सन् 1971 में एक रेडार विकास परियोजना बनाई गई, जिसके परियोजना निदेशक श्री आर. अरवामूदन थे। इस परियोजना का उद्देश्य मध्यम दूरी वाले दो सी-बैंड रेडार का विकास और स्थापना करके उनको शार में प्रतिस्थापित करना था। इस परियोजना को सन् 1977 में रेडार-1 और सन् 1978 में रेडार-2 की स्थापना के साथ ही पूरा कर लिया गया था। इन रेडारों ने कई वर्षों तक अनुवर्तन प्रणाली के लिए रीढ़ की हड्डी का काम किया। रेडार-2 अभी भी शार में प्रचालित हो रहा है। टाटा इंस्टीट्यूट ऑफ फंडामेंटल रिसर्च (TIFR), भाभा एटामिक रिसर्च सेंटर (BARC), इलेक्ट्रॉनिक कॉर्पोरेशन ऑफ इंडिया लिमिटेड (ECIL) जैसी संस्थाओं ने भी इस परियोजना में हिस्सा लिया था। इस प्रकार प्राप्त किया गया विशेष अनुभव इसरो के लिए ही नहीं, अपितु पूरे देश के लिए बहुत फायदेमंद साबित हुआ है। इस विशेषज्ञता का उपयोग (i) नेशनल एरोनाटिक्स रिसर्च लैबोरेटरी (NARL) में वायुमंडलीय अनुसंधान के लिए एमएसटी (MST) रेडार (ii) भारतीय मौसम विभाग के लिए डॉपलर मौसम रेडार और (iii) इसरो के लिए लंबी दूरी के सटीक रेडारों को विकसित करने के लिए किया गया था। एक व्यापार प्रतिरोधित वस्तु (embargo item) होने के कारण, अन्य प्रयोगशालाएँ इसे आयात करने में सफल नहीं हो सकीं और इसीलिए रेडार प्रौद्योगिकी का स्वदेशी विकास अत्यंत ही महत्वपूर्ण था।

ठीक इसी प्रकार का मामला दूरमिति और दूरादेश प्रणाली के साथ भी था। कुछ उप-प्रणालियाँ, जैसे— उच्च शक्ति प्रवर्धकों (Amplifiers), एनालॉग और डिजिटल रिकार्डर के आयात के अतिरिक्त

चित्र 5.3 : इसरो के एक पुराने रेडार (कोटल रेडार, सन् 1978) का दृश्य

संपूर्ण भू-स्टेशनों को शार केंद्रीय डिजाइन (SCEND) ने स्वदेशी तरीके से ही स्थापित किया था। वी.एस.एस.सी. (VSSC), सैक (SAC), शार (SHAR), इस्ट्रैक (ISTRAC) और आइजैक (ISAC) आदि सभी दलों ने आवश्यक उप-प्रणालियों के विकास के लिए योगदान दिया था। शार केंद्रीय डिजाइन (SCEND) ने ऐंटेना की स्थापना के डिजाइन और सर्वो प्रणाली विभाग ने सैक, आइजैक या वी.एस.एस.सी. से आने वाले ऐंटेना फीड ड्राइव प्रणाली में विशेषज्ञता को विकसित कर लिया। शार द्वारा इस विशेषज्ञता का उपयोग माउंट आबू में पी.आर.एल. के लिए अवरक्त खगोलीय दूरबीन (Infrared Astronomy Telescope) के विकास में किया गया था।

सन् 1974 में, आर्यभट्ट मिशन की सहायता के लिए शार में एक अनुवर्तन, दूरमिति, और दूरादेश स्टेशन की स्थापना की गई थी। प्रमोचन यान के विकास कार्यक्रम की कई विफलताओं के कारण यूरोपियन विकास संगठन (ELDO), अपने द्वारा वूमेरा रेंज, ऑस्ट्रेलिया में प्रचालित एक दूरमिति स्टेशन का समापन (Disposal) कर रहा था। इसरो ने एक नीलामी में इस स्टेशन को खरीद लिया और इसे शार केंद्र में स्थापित कर दिया। दूरादेश और रेंजिंग प्रणालियों (Ranging Systems) के साथ इस स्टेशन ने प्रारंभिक उपग्रह मिशनों के लिए सहायता प्रदान की थी। सन् 1986 तक, प्रमोचन यानों के लिए पी बैंड में सक्रिय

एक अतिरिक्त दूरमिति स्टेशन उपयोग में था। आई.टी.यू. (ITU) के दिशा-निर्देशों के अनुसार, अनुवर्तन, दूरमिति, और दूरादेश नेटवर्क को एस बैंड आवृत्ति में बदलना अनिवार्य हो गया था। उपग्रहों और प्रमोचन यानों, दोनों की आवश्यकताओं को पूरा करने के लिए, सन् 1986 से एक एकीकृत दूरमिति स्टेशन को परिचालन में लाया गया। उपग्रह प्रमोचन यानों के लिए दूरादेश प्रणाली को अभी भी अति उच्च आवृत्ति (UHF) बैंड में परिचालित किया जा रहा है, जबकि उपग्रहों के लिए इसे एस बैंड के साथ बदल दिया गया है। पृथ्वी की देखरेख (Earth Observations) के लिए बढ़ते उपग्रह मिशनों की संख्या और भूमंडल के आसपास स्टेशनों के एक नेटवर्क की जरूरत के कारण 'इसरो टेलीमेट्री, ट्रैकिंग और टेलीकमांड' (ISTRAC) नाम की एक अलग इकाई बनाई गई। इस इकाई ने शुरू में शार में ही रहकर कार्य किया और बाद में सन् 1986 में इसका मुख्यालय बेंगलुरु में स्थानांतरित कर दिया गया था। पी.एस.एल.वी. और जी.एस.एल.वी. के सूर्य समकालिक (Sun synchronous) और जियो ट्रांसफर ऑर्बिट (GTO) मिशनों की सहायता करने के लिए इस्ट्रैक अपने दूरादेश स्टेशनों को शार, तिरुवनंतपुरम, पोर्टब्लेयर, मॉरीशस, ब्रुनेई और बिआक में चलाता है।

मिशन नियंत्रण केंद्र (Mission Control Center), रेंज का एक महत्वपूर्ण अंश है। उल्टी गिनती के चरण का प्रचालन, जो कि उड़ान से लगभग 48 घंटे पूर्व तक रहता है, उसको मिशन नियंत्रण केंद्र से समन्वित और नियंत्रित किया जाता है। निर्णय लेने की क्षमता वाले सभी मिशन अधिकारियों को उनके सामने बने टर्मिनलों पर वास्तविक काल प्रदर्शपट पर प्रासंगिक जानकारी प्रदान की जाती है। मिशन के अन्य प्रबंधकों से उचित-संश्लेषण मिलने के बाद ही, मिशन निदेशक प्रमोचन कार्यक्रम को आगे ले जाने के लिए अनुमति प्रदान करता है। प्रमोचन को रोकना, रद्द करना, स्थगन या प्रमोचन परिचालन के साथ जुड़ी किसी भी अन्य घटना का निर्णय यहाँ से लिया जाता है। आज शार में सन् 2011 में स्थापित एक नवीन अत्याधुनिक मिशन नियंत्रण केंद्र विद्यमान है। पिछले मिशनों के लिए एक एकीकृत मिशन नियंत्रण केंद्र (MCC), प्रमोचन नियंत्रण केंद्र (LCC) और सैटेलाइट तैयार करने की सुविधा (SP1) का उपयोग किया जाता था।

रेंज सुरक्षा प्रणालियों की स्थापना और विकास

रेंज सुरक्षा प्रमोचन के प्रचालन में एक महत्वपूर्ण गतिविधि है। यह खतरनाक प्रणालियों (Hazardous Systems) जैसे प्रमोचन यान या उपग्रहों में उपयोग किए जाने वाले रॉकेट मोटरों, युद्ध सामग्री की वस्तुओं और ठोस एवं द्रव नोदक के प्रबंधन से जुड़े हुए कर्मचारी वर्ग की सुरक्षा से संबंधित है।

रेंज सुरक्षा, प्रमोचन यान की उड़ान शुरू करने से लेकर कक्षा में उपग्रह के इंजेक्शन तक और बाद में कक्षा में इंजेक्ट किए हुए चरणों को निष्क्रिय करने में, प्रमोचन यान की पहुँच के भीतर आने वाले गैर प्रतिभागियों, जैसे—सामान्य जनता, हवाई यातायात, समुद्री यातायात, अन्य देशों की जनता और

संपत्ति की सुरक्षा के साथ भी संबंधित है। सुरक्षा नियमों का अनुपालन सुनिश्चित करने के लिए रेंज सुरक्षा नीतियों को तैयार किया गया और सुरक्षा मानदंडों के अनुपालन को सुनिश्चित करने के लिए लागू कर दिया गया। आम तौर पर इसे कई अंतरिक्ष अनुप्रयोग करने वाले देशों द्वारा अपनाया गया है। प्रक्षेपण करने वाले प्रमोचन यानों की व्यवस्था के लिए सभी खतरों, सुरक्षित उड़ान पथ और उपयोग के बाद के बूस्टर, ऊष्मा कवच (Heat Shield) के गिरने के लिए सुरक्षित प्रभाव क्षेत्रों आदि का आकलन, मिशन के एक महत्वपूर्ण विश्लेषण के रूप में योजना बनाने के स्तर पर ही कर लिया जाता है। रेडारों के द्वारा प्रमोचन यान के वास्तविक उड़ान पथ का अनुवर्तन वास्तविक काल में ऑन-बोर्ड प्रणाली के प्रदर्शन का मानीटरन करना और किसी खराबी के मामले में, समय पर हस्तक्षेप करके जमीन से ही उड़ान समाप्त करने का आदेश देना, रेंज सुरक्षा गतिविधि का ही भाग है। रेडार और दूरमिति स्टेशनों से आँकड़ों को प्राप्त करने वाला कंप्यूटरों का एक नेटवर्क, रेंज और अधोपरास में स्थित है। रेंज सुरक्षा की सहायता के लिए, आँकड़ों का संसाधन, संगणना करना और रेंज सुरक्षा अधिकारी के सामने टर्मिनलों पर जानकारी को एक विशेष रूप में प्रदर्शित करके कुछ ही सेकेंड में निर्णय लेने के लिए सक्षम बनाना आदि भू-प्रणाली के अनिवार्य घटक हैं। श्रीहरिकोटा के एस.डी.एस.सी. शार में एक उत्कृष्ट अत्याधुनिक वास्तविक काल नेटवर्क मौजूद है।

मौसम का सटीक पूर्वानुमान प्रमोचन गतिविधि का अनिवार्य हिस्सा है। रेडियो सोंडे/ रेविन सोंडे (Radio Sonde/ Rawin Sonde) (गुब्बारे जो रडार द्वारा नजर रखे गए यंत्रों/ परावर्तक या एक जी.पी.एस. इकाई को ढोते हैं) या एक पवन प्रोफाइलर का उपयोग करके, प्रमोचन के समय के करीब लगभग 30 कि.मी. की ऊँचाई तक का पवन प्रोफाइल उत्पन्न किया जाता है। इन पवन प्रोफाइलों का उपयोग करके अनुरूपण संगणना द्वारा प्रक्षेप वक्र तैयार किया जाता है। प्रमोचन यान द्वारा अनुभव किया जाने वाला भार, डिजाइन सीमा के भीतर है या नहीं इसका निर्धारण इस प्रक्षेप वक्र की सहायता से किया जाता है। यह भार डिजाइन सीमा के भीतर नहीं होने पर प्रमोचन को या तो रद्द कर दिया जाता है या पुनर्योजित किया जाता है। प्रमोचन की अनुमति देने के समय, बादलों की परत (Cloud Cover), सतह की हवाएँ, लाइट्निंग, अवक्षेपण (Precipitation) आदि मौसम के दूसरे मानकों का भी ध्यान रखा जाता है। भारतीय मौसम विभाग (IMD) से प्राप्त आँकड़ों/ माप का उपयोग करने के अतिरिक्त, शार भी सारी सुविधाओं से परिपूर्ण है।

प्रमोचन अभियान के दौरान उड़ान हार्डवेयर के पहले टुकड़े के प्रमोचन मंच की तरफ गतिमान होने से लेकर, प्रमोचन यान के उड़ान भरने तक की अवधि आम तौर पर दो महीने की होती है। शार में किसी भी पर्यवेक्षक द्वारा इन सारी गतिविधियों को देखना बहुत ही दिलचस्प होता है। प्रमोचन अभियान के चरण के दौरान, इसरो के विभिन्न केंद्रों से कई दल शार में एकत्रित होते हैं। अपने उपर सौंपे गए कार्यों को पूरा करने के लिए दलों को इस स्थान पर कुछ दिनों से कुछ हफ्तों तक का समय बिताना पड़ता है और

कभी-कभी तो बार-बार यात्राएँ भी करनी पड़ती हैं। घटनाओं और गतिविधियों का अनुक्रम अच्छी तरह से परिभाषित होने के कारण दलों को अपनी यात्रा के लिए योजना बनाने के लिए अग्रिम नोटिस मिल जाता है। काम की प्रगति के अनुसार, प्रमोचन अभियान के सभी प्रबंधक संबंधित व्यक्तियों की नियुक्ति को सुनिश्चित करते हैं। दिन विशेष के लिए बनाई गई गतिविधियों की योजना के बारे में सभी संबंधित पक्षों को जानकारी देने के लिए दैनिक समीक्षा बैठकों का आयोजन किया जाता है। इन विगत वर्षों में एक प्रभावी प्रमोचन अभियान प्रबंधन प्रणाली को विकसित किया जा चुका है। प्रमोचन के शीर्ष अर्थात् अभियान के अंतिम कुछ दिनों में प्रमोचन यान और उपग्रह दलों से संबंधित करीब 500 से भी ज्यादा व्यक्तियों को शार केंद्र में तैनात किया जाता है। प्रमोचन के दिन प्रणाली विकास के समूहों के पर्यवेक्षकों के रूप में करीब 200 से भी ज्यादा और व्यक्ति उपस्थित होते हैं। प्रिंट और इलेक्ट्रॉनिक मीडिया के एक बड़े दल को आमंत्रित किया जाता है और मीडिया केंद्र में ले जाया जाता है।

इन सबके अतिरिक्त प्रमोचन के दिन एक वी.वी.आई.पी. के उपग्रह प्रमोचन यान के प्रमोचन के साक्षी के रूप में उपस्थित होने पर, उसकी सुरक्षा व्यवस्था का ख्याल रखने के लिए करीब 1000 और व्यक्ति भी सम्मिलित होते हैं। इतने लोगों के लिए रहने, खाने-पीने आदि सुख सुविधाओं का इंतजाम करने से यहाँ की स्थिति और भी अधिक जटिल हो जाती है। **भारत के लगभग सभी प्रधानमंत्री (Prime Ministers) व अन्य वी.वी.आई.पी., उपग्रह प्रमोचन यान के प्रमोचन साक्षी के रूप में शामिल होकर इस केंद्र की शोभा बढा चुके हैं।**

प्रमोचन समय के समीप आने पर तनाव और चिंता के साथ शार में एक त्योहार के माहौल का निर्माण होता है। आवासीय कालोनियों के निवासीगण बाहर निकलकर घरों के ऊपर छत पर आ जाते हैं। उड़ान की शुरुआत का तालियों की गड़गड़ाहट के साथ स्वागत किया जाता है और जैसे ही यान आरोहण होता है और बादलों में गायब हो जाता है या आँखों से ओझल हो जाता है, तब सबका ध्यान वास्तविक काल में यान के प्रदर्शन पर रेंज संचालन निदेशक की घोषणा सुनने पर केंद्रित हो जाता है। आम तौर पर उडान की शुरुआत से लेकर ऊपर आकाश में निर्धारित कक्षा में उपग्रह के अंत:क्षेपण की अवधि लगभग 20 मिनट की होती है। बोर्ड पर ही लगे हुए जड़त्वीय नौसंचालन प्रणाली के द्वारा प्रमोचन यान के प्रारंभिक कक्षा की गणना करके, इसकी सूचना दूरमिति के माध्यम से भू-स्टेशनों को प्रसारित की जाती है। एक सफल उपग्रह प्रमोचन यान के प्रमोचन की उद्घोषणा के बाद पूरा समुदाय अपनी व्यक्तिगत सफलता के रूप में आनंदित होता है। वास्तव में देखा जाए तो प्रत्येक उपग्रह प्रमोचन यान के प्रमोचन का दिन इसरो और उससे संबंधित सारे अंतरिक्ष केंद्रों के लिए चुनौतीपूर्ण रहता है और साथ-ही-साथ उपग्रह प्रक्षेपण की सफलता वैज्ञानिकों के तनाव और चिंता को एक हर्सोल्लास के त्योहार के रूप में परिवर्तित कर देती है।

एस.एल.वी.-3 की परीक्षण सुविधाओं की स्थापना और उनका विकास

एस.एल.वी.-3 के रॉकेट मोटरों की योग्यता को परखने के लिए स्थैतिक परीक्षण की सुविधाओं की स्थापना की गई थी। इसके अंतर्गत 30 टन और 100 टन प्रणोद (Thrust) क्षमता वाला परीक्षण मंच, ऊपरी चरण की रॉकेट मोटरों को लगभग निर्वात की स्थिति में परीक्षण करने के लिए उच्च ऊँचाई परीक्षण सुविधा (High Altitude Test Facility), कंपन, अपकेंद्रित्र, तापीय आर्द्रता कक्ष, प्रघात परीक्षण सुविधाएँ तथा संबंधित उपकरण/ यंत्र, आँकड़ा अर्जन और संसाधन सुविधाएँ आदि हैं। 1975-79 की अवधि के दौरान, एस.एल.वी.-3 के सभी चार चरणों के रॉकेट मोटरों की योग्यता परखने के लिए इन सभी सुविधाओं का उपयोग व्यापक रूप से किया गया था। अक्षीय बल और पक्ष बल घटकों को मापने के लिए एकल घटक और छह घटक परीक्षण मंचों (Test Stands) को विकसित करके स्थापित किया गया था। स्थैतिक परीक्षण के दौरान रॉकेट मोटर के कक्ष का दाब, अक्षीय प्रणोद, मोटर का बाहरी ताप और तुंड (nozzle) का ताप, विकृति (strain) आदि को मापने एवं दर्ज/ अंकित (Record) करने के लिए रॉकेट मोटरों का व्यापक रूप से यंत्रीकरण किया गया था। उच्च ऊँचाई परीक्षण (HAT) सुविधा में प्रेक्षण वस्तु, एक विसारक, भाप जेनरेटर और शीतलन प्रणाली को रखने के लिए एक निर्वात कक्ष बनाया गया और पहले स्वदेशी प्रायोगिक संचार उपग्रह एप्पल (APPLE) की अपोजी बूस्ट मोटर (Apogee Boost Motor) का स्थैतिक परीक्षण करने के लिए इस सुविधा को विकसित किया गया था। यह परीक्षण कार्यक्रम सन् 1980 में सफलतापूर्वक संपन्न हुआ था। इस उपग्रह को एरियन प्रमोचन यान में प्रमोचित किया गया था।

एस.एल.वी.-3 का प्रथम चरण, ठोस प्रणोदक के तीन खंडों से बना था। तीन खंडों को ऊर्ध्वाधर स्थिति में (एक के ऊपर एक रखकर) समाकलन (Integrate) करने के लिए और एकीकृत मोटर को क्षैतिज दिशा में लाने के लिए एक सुविधा को सन् 1976 में स्थापित किया गया था। इस सुविधा का आज भी पी.एस.एल.वी. की स्ट्रैप-आन मोटरों की तैयारी के लिए उपयोग किया जाता है।

पी.एस.एल.वी. की सुविधाओं की स्थापना और इनका विकास

पी.एस.एल.वी. परियोजना के अंतर्गत, पी.एस.एल.वी. के प्रथम चरण के रॉकेट मोटर (एस125) का स्थैतिक परीक्षण करने के लिए एक उच्च क्षमता की स्थैतिक परीक्षण सुविधा (Static Test Facility) की स्थापना की गई थी। परीक्षण मंच (Test Bed) को 750 टन वाले प्रणोद की क्षमता (Thrust Capacity) के साथ तैयार किया गया था। इस सुविधा के तीन भाग थे। प्रथम भाग—सुविधा के इस भाग में ठोस प्रणोदक के पाँच खंडों को एक के ऊपर एक रखकर समाकलन किया जाता था। समाकलित रॉकेट को 175 टन क्रेन और एक विशेष उपकरण की सहायता से ऊर्ध्वाधर से क्षैतिज किया जाता था। इस रॉकेट को एक ट्रेलर पर रख कर स्थैतिक परीक्षण के लिए परीक्षण मंच पर ले जाते थे। द्वितीय भाग—परीक्षण मंच (Test Stand) का मध्यवर्ती भाग सभी प्रकार के रख-रखाव (Handling)

और भार उठाने वाले उपकरणों के भंडारण के लिए था। तृतीय भाग—सुविधा के इस भाग पर स्थैतिक परीक्षण मंच था। यहाँ पर पी.एस.एल.वी. के प्रथम चरण को प्रथम भाग में समाकलित करने के बाद ट्रेलर लाकर 175 टन भार क्षमता वाले ओवरहेड क्रेन की सहायता से प्रथम चरण को स्थैतिक परीक्षण मंच पर स्थानांतरित करते थे।

यंत्रीकरण (Instrumentation) और आँकड़ा अर्जन प्रणालियों को 550 परिमाणों को मापने की क्षमता के लिए विकसित किया गया। इस सुविधा का उपयोग एस 125 मोटर और उसके विकसित रूप एस 139 मोटर की योग्यता को सिद्ध करने के लिए किया गया था। बाद में जी.एस.एल.वी. मार्क-III प्रमोचन यान के एस 200 मोटर का स्थैतिक परीक्षण भी इसी परीक्षण सुविधा में किया गया है।

कंपन परीक्षण सुविधा (Vibration test facility) में दो शेकर्स (जिन्हें लगभग उनके दुगुने टन बल दर्जा देने तक संरूपण (configure) किया जा सकता है) शामिल थे। सन् 1976 के बाद से आज तक परिचालन में हैं और बड़े पैमाने पर ऊपरी चरणों के रॉकेट मोटरों की पर्यावरण योग्यता, रेट्रो और रसाव मोटरों जैसी सहायक रॉकेट मोटरों, आधार के लिए इस्तेमाल किए जाने वाले परदा (Base Shroud), ऊष्मा कवच (Heat Shield), मध्यवर्ती चरणों (Interstages) आदि के लिए उपयोग किया जाता है।

स्प्रोब (SPROB) की स्थापना और विकास

प्रमोचन यानों के विभिन्न रॉकेट मोटरों के लिए ठोस प्रणोदक के उत्पादन के लिए सन् 1977 में 'ठोस प्रणोदक स्पेस बूस्टर प्लांट' (SPROB) की स्थापना की गई थी। यह संयंत्र लगभग 5000 एकड़ जमीन पर फैला हुआ था। कच्चे माल के भंडारण से लेकर तैयार रॉकेट खंडों को बनाने के लिए प्रयोग होने वाली विभिन्न प्रक्रिया के संचालन के लिए यहाँ 50 से भी अधिक इमारतें हैं। प्रत्येक सुविधा कर्मचारियों एवं कार्य क्षेत्रों की सुरक्षा सुनिश्चित करने के लिए यह अपेक्षित सुरक्षा प्रणालियों से सुसज्जित है।

प्रारंभ में इसको 2 मीटर तक के व्यास और 10 टन ठोस प्रणोदक रॉकेट मोटरों का उत्पादन करने के लिए तैयार किया गया था। अब इस संयंत्र को 30 टन ठोस प्रणोदक वाले और लगभग 3 मीटर तक के व्यास के रॉकेट मोटरों के लिए विकसित किया जा चुका है। इसरो के लिए अति कार्योपयोगी बन चुके एस.एल.वी. 3 (एस1) के पहले चरण के मोटर को वर्तमान संस्करण वाले तीन खंडों के ठोस प्रणोदक मोटर के स्थान पर शुरू में एक अखंड मोटर के रूप में उत्पादित करने की योजना बनाई गई थी। प्रणोदक ढलाई (Casting) स्टेशन को मोटर की अखंड संस्करण को समायोजित करने के लिए तैयार किया गया था। जमीन के नीचे का गड्ढा, जिसमें 12 मीटर गहरा निर्वात कक्ष, इसी काम के लिए रखा गया था।

ए.एस.एल.वी. के लिए स्ट्रैप-ऑन की दो मोटरों को उनकी प्राक्षेपिकी (Ballistics) प्रदर्शन में कम-से-कम छितराव (dispersion) को सुनिश्चित करने के लिए जुड़वा ढलाई (Casting) तरीके से स्प्रोब संयंत्र में ही तैयार किया गया था। इस संयंत्र में प्रमुख सुविधाएँ हार्डवेयर की तैयारी (Hardware Preparation), कच्चे माल की तैयारी (Raw Materials Preparation), मिश्रण (Mixing), ढलाई (Casting), प्रणोदक के ठोस रूप में परिवर्तित होने की प्रक्रिया (Curing), मशीनिंग (Machining), निरोधन (Inhibition), विकिरण चित्रण (Radiography) और मोटरों को रखने का स्थान (Magazines) आदि हैं। संयंत्र की स्थापना के पहले चरण में 1000 किलोग्राम क्षमता के क्षैतिज सिग्मा मिक्सर (Horizontal Sigma Mixers) का इस्तेमाल किया गया था, जिसे बाद में 300 गैलन क्षमता के ऊर्ध्वाधर मिक्सर (vertical mixers) के साथ बदल दिया गया था। शार केंद्र के विकास के प्रारंभ में इनका आयात किया गया था। बाद में इसरो ने भारतीय उद्योग के साथ मिलकर देश में ही ऊर्ध्वाधर मिक्सर का निर्माण करने के लिए काम किया। प्रणोदक या इसके और मोटर के इंटरफेस में किसी भी दोष के मामले का पता लगाने के क्रम में मोटर का विकिरण चित्रण करने के लिए रेखीय गतिवर्धक (Linear accelerator) भी संयंत्र के लिए एक और महत्वपूर्ण उपकरण है। सूचना प्रौद्योगिकी विभाग के समीर नामक इकाई ने 15 एम.ई.वी. लिनैक (LINAC) को सफलतापूर्वक विकसित किया था और अब शार में ऐसी दो मशीनें उपलब्ध हैं। संयंत्र के लिए सभी संरचनाएँ स्वदेशी हैं और ज्यादातर उपकरण देश के भीतर ही निर्मित किए गए हैं।

एस 200 मोटर के उत्पादन के लिए एक-दूसरे ठोस प्रणोदक संयंत्र (SPP) को सन् 2007 में शार में स्थापित किया गया था। इस संयंत्र में ठोस प्रणोदक राकेट मोटर के एक खंड में अधिकतम 100 टन प्रणोदक को आसानी से भरा जा सकता है। 30 साल की अवधि में स्प्रोब के ऑपरेशन के दौरान प्राप्त किए गए सभी अनुभवों का उपयोग स्वचालन की कई सुविधाओं के साथ इस नए संयंत्र के प्रारूप और स्थापना करने में किया गया था। यह संयंत्र अब तक स्थैतिक परीक्षण के लिए प्रयोग की गई मोटरों और जी.एस.एल.वी. मार्क-III के पहले विकासात्मक उड़ान के लिए उड़ान मोटरों का उत्पादन सफलतापूर्वक कर चुका है।

अन्य केंद्रों के साथ संबंधों की प्रगाढ़ता

पिछले चार दशकों में इसरो के अन्य केंद्रों, विशेष रूप से यान विकास केंद्रों के साथ निकट संपर्क को विकसित करना शार के विकास की एक उल्लेखनीय विशेषता है। शार में सभी सुविधाएँ प्रमोचन यान की विशिष्ट आवश्यकताओं को पूरा करने के लिए विकसित की गई हैं। स्थापित प्रक्रियाओं ने आवश्यकताओं की उचित परिभाषा, अन्य केंद्रों के विशेषज्ञ दलों द्वारा समीक्षा, उचित दस्तावेज और परिचालन जिम्मेदारियों की स्पष्ट परिभाषा को सुनिश्चित किया है। शार के दलों के पास डिजाइन,

विकास, संचालन और रख-रखाव में विशेषज्ञता है। इन विगत वर्षों में शार ने इसरो के अन्य केंद्रों के साथ कुशल सामंजस्य और प्रगाढ़ संबंधों को स्थापित किया है। इस प्रकार यह कहना उचित होगा कि सतत प्रयासों और अथक परिश्रम के द्वारा शार के प्रबंधक दल ने बहुत हद तक आत्मनिर्भरता को हासिल कर लिया है।

वैसे तो इसरो का हर एक अभियान चुनौतीपूर्ण और यादगार होता है, फिर भी उसमें से कुछ अविस्मरणीय पलों और घटनाओं को यहाँ दर्शाने की कोशिश की गई है—

चित्र 5.4: वैज्ञानिकों के दल के साथ कार्यरत प्रो. सतीश धवन जी

चित्र 5.5 : आरएच–125 (RH-125), श्रीहरिकोटा से प्रमोचित सर्वप्रथम राकेट

चित्र 5.6: श्रीमती इंदिरा गांधी जी, श्री ए.पी.जे. अब्दुल कलाम जी और प्रो. सतीश धवन जी

चित्र 5.7 : श्रीमती इंदिरा गांधी जी, श्री एन.टी. रामाराव जी, प्रो. सतीश धवन जी एवं वैज्ञानिक

चित्र 5.8 : स्प्रोब की सुविधाओं की जानकारी लेते हुए श्री राजीव गांधी जी

चित्र 5.9 : स्प्रोब की सुविधाओं की जानकारी लेते हुए श्री पी.वी. नरसिम्हा राव जी

चित्र 5.10 : श्री आई.के. गुजराल जी और श्री कस्तूरी रंगन जी प्रेस मीडिया को संबोधित करते हुए

चित्र 5.11: श्री अ.बि.वाजपेयी जी को आई.आर.एस–पी4 का प्रतिरूप देते हुए श्री कस्तूरी रंगन जी

चित्र 5.12 : श्री ए.पी.जे. अब्दुल कलाम जी एस.डी.एस.सी. शार के कर्मचारियों को संबोधित करते हुए

चित्र 5.13 : श्री मनमोहन सिंह जी, एस.डी.एस.सी. शार की सुविधाओं की जानकारी लेते हुए

चित्र 5.14 : श्रीमती प्रतिभा देवीसिंह पाटिल जी, मिशन नियंत्रण केंद्र को राष्ट्र को समर्पित करती हुईं

चित्र 5.15 : श्रीमती प्रतिभा देवीसिंह पाटिल जी से पुरस्कार प्राप्त करते हुए श्री कस्तूरी रंगन जी

चित्र 5.16 : श्रीमती प्रतिभा देवीसिंह पाटिल जी से पुरस्कार प्राप्त करते हुए श्री आ.सी. किरण कुमार जी

चित्र 5.18: पी.एस.एल.वी. सी20 के प्रमोचन के साक्षी होने हेतु पधारे श्री प्रणब मुखर्जी जी

चित्र 5.18: एस.डी.एस.सी. शार की सुविधाओं की जानकारी लेते हुए श्री नरेंद्र मोदी जी

चित्र 5.19 : पी.एस.एल.वी. सी23 के प्रमोचन कार्यक्रम में साक्षी होने हेतु श्री नरेंद्र मोदी जी, श्री वेंकैया नायडू जी, और श्री चंद्रबाबू नायडू जी आदि अतिथिगण एवं इसरो के वैज्ञानिक

चित्र 5.20 : इसरो के अध्यक्ष श्री आ.सी. किरण कुमार जी और शार के निदेशक श्री पी कुन्हीकृष्णन जी

षष्टम अध्याय

श्रीहरिकोटा से किए गए 50 उपग्रह प्रमोचन यानों के प्रमोचनों का संक्षिप्त विवरण

इसरो के इतिहास में 16 दिसंबर, 2015 को सतीश धवन अंतरिक्ष केंद्र (एस.डी.एस.सी.), श्रीहरिकोटा के प्रथम प्रमोचन मंच से पी.एस.एल.वी.-सी29 उपग्रह प्रमोचन यान की सफल उड़ान एक ऐतिहासिक मील का पत्थर बन गया है। यह भारत के इस अंतरिक्ष पोर्ट से उपग्रह प्रमोचन यान का 50वाँ प्रमोचन है। श्रीहरिकोटा ने इन प्रमोचन यानों के माध्यम से विभिन्न स्वदेशी और विदेशी उपग्रहों को नियत कक्षाओं में सफलतापूर्वक प्रक्षेपित किया है। श्रीहरिकोटा से 16 दिसंबर, 2015 तक किए गए, अब तक के 50 उपग्रह प्रमोचन यानों का विवरण निम्नवत है—

क्रम संख्या	प्रमोचन यान	प्रमोचन का स्थान			उड़ानों की कुल संख्या
		एस.एल.सी.	एफ.एल.पी.	एस.एल.पी.	
1	एस.एल.वी-3	4	—	—	4
2	ए.एस.एल.वी.	4	—	—	4
3	पी.एस.एल.वी.	—	25	7	32
4	जी.एस.एल.वी.	—	3	6	9
5	जी.एस.एल.वी. मार्क3-एक्स	—	—	1	1
				कुल संख्या	**50**

एस.एल.वी.3   ए.एस.एल.वी.   पी.एस.एल.वी.   जी.एस.एल.वी.   जी.एस.एल.वी. मार्क3

चित्र 6.1 : इसरो के प्रमोचन यानों का विकासक्रम

1. भारतीय प्रमोचन यान

भारत में प्रमोचन यानों के विकास कार्यक्रम की शुरुआत 1970 के दशक के प्रारंभ में हुई। प्रथम प्रायोगिक प्रमोचन यान (एस.एल.वी.-3) 1980 में विकसित किया गया। इसका एक संवर्धित संस्करण, ए.एस.एल.वी. का प्रमोचन 1992 में सफलतापूर्वक किया गया। उपग्रह प्रमोचन यान कार्यक्रम में आत्मनिर्भरता प्राप्त करने के लिए ध्रुवीय उपग्रह प्रमोचन यान (पी.एस.एल.वी.) और भू-तुल्यकाली उपग्रह प्रमोचन यान (जी.एस.एल.वी.) के प्रचालनीकरण के साथ भारत ने प्रमोचन यान प्रौद्योगिकी में जबरदस्त प्रगति की है।

इसरो वायुमंडलीय अनुसंधान और अन्य वैज्ञानिक खोजों के लिए भारतीय और अंतरराष्ट्रीय वैज्ञानिक समुदाय द्वारा नीतभारों के प्रमोचन के लिए प्रयुक्त रोहिणी श्रृंखला के परिज्ञापी रॉकेटों का भी निर्माण करता है। ये रॉकेट उन्नत प्रमोचन यानों में प्रयुक्त कुछ महत्वपूर्ण प्रणालियों को अर्हक बनाने में भी प्रयोग किए जाते हैं।

एस.एल.वी.-3

उपग्रह प्रमोचन यान-3 (एस.एल.वी.-3), भारत का पहला प्रायोगिक उपग्रह प्रमोचन यान, 18 जुलाई, 1980 को सफलतापूर्वक शार केंद्र, श्रीहरिकोटा से तब प्रमोचित किया गया, जब रोहिणी उपग्रह आर.एस.-1 को कक्षा में स्थापित किया गया था। एस.एल.वी.-3, 22 मी. ऊँचा, संपूर्णतः ठोस, 17 टन वजन का चार चरण वाला यान है, जो 40 कि.ग्रा. भारवाली श्रेणी के नीतभारों को पृथ्वी की निम्न कक्षा में स्थापित करने में सक्षम है।

चित्र 6.2 : एस.एल.वी.-3 की उड़ान

ए.एस.एल.वी.

संवर्धित उपग्रह प्रमोचन यान (ए.एस.एल.वी.) महत्वपूर्ण प्रौद्योगिकियों को प्रदर्शित और उनके वैधीकरण के लिए कम लागत के मध्यवर्ती यान के रूप में कार्य करने हेतु विकसित किया गया। 40 टन के उत्थापन भार सहित 23.8 मी. लंबे ए.एस.एल.वी. को एक पाँच चरण वाले संपूर्णतः ठोस नोदक यान के रूप में, 400 कि.मी. की वृत्तीय कक्षाओं में परिक्रमा करते 150 कि.ग्रा. भारवाली श्रेणी के उपग्रहों के मिशन के साथ संरूपित किया गया। स्ट्रैप-ऑन चरण में 1 मी. व्यास के दो समान ठोस नोदन मोटर शामिल थे। ए.एस.एल.वी. कार्यक्रम के अंतर्गत चार विकासात्मक उड़ानें आयोजित की गईं।

पहली विकासात्मक उड़ान 24 मार्च, 1987 को और दूसरी 13 जुलाई, 1988 को संपन्न हुई। 20 मई, 1992 को ए.एस.एल.वी.-डी3 को सफलतापूर्वक

चित्र 6.3 : ए.एस.एल.वी. की उड़ान

तब प्रमोचित किया गया, जब श्रोस-सी (106 कि.ग्रा.) को 255 × 430 कि.मी. की कक्षा में स्थापित किया गया। 4 मई, 1994 को प्रमोचित ए.एस.एल.वी.-डी4, 106 कि.ग्रा. भार वाले श्रोस-सी2 उपग्रह को निर्धारित कक्षा में स्थापित किया गया। इसमें दो नीतभार थे, गामा किरण प्रस्फोट (जी.आर.बी.) परीक्षण और मंदन विभव विश्लेषक (आर.पी.ए.) और यह सात साल तक कार्यशील रहा। ए.एस.एल.वी. ने उच्चतर विकास के लिए बहुमूल्य जानकारी प्रदान की।

पी.एस.एल.वी.

सामान्यतः पी.एस.एल.वी. (पोलर सैटेलाइट लांच वेहिकल) के संक्षिप्त नाम से विख्यात ध्रुवीय उपग्रह प्रमोचन यान इसरो का प्रथम प्रचालनात्मक प्रमोचन यान है। भारत ने इसे अपने सुदूर संवेदी उपग्रह को सूर्य समकालिक कक्षा में प्रक्षेपित करने के लिए विकसित किया है। पी.एस.एल.वी. के विकास से पूर्व यह सुविधा केवल रूस के पास थी। पी.एस.एल. वी. छोटे आकार के उपग्रहों को भू-स्थिर कक्षा में भी भेजने में सक्षम है। इससे इसकी विश्वसनीयता एवं विविध कार्य करने की क्षमता सिद्ध हो चुकी है। पी.एस.एल.वी. 1600 कि.ग्रा. भार के उपग्रहों को सूर्य तुल्यकाली ध्रुवीय कक्षा में 620 कि.मी. पर और 1050 कि.ग्रा. भार के उपग्रहों को भू-तुल्यकाली अंतरण कक्षा में प्रमोचित करने में सक्षम है। मानक संरूपण में 295 टन उत्थापन भार सहित इसकी माप लंबाई में 44.4 मी. है। पी.एस.एल.वी. में बारी-बारी से ठोस और द्रव नोदन प्रणाली का उपयोग करते हुए चार चरण हैं। प्रथम चरण विश्व में सर्वाधिक बड़ा ठोस नोदन बूस्टरों में से एक है और 139 टन नोदक वहन करता है। प्रथम चरण मोटर के साथ छह स्ट्रेप-ऑन का समूह जुड़ा है, जिनमें से चार भूमि पर प्रज्वलित किए जाते हैं और दो हवा में प्रज्वलित किए जाते हैं।

चित्र 6.4 : पी.एस.एल.वी. की उड़ान

चित्र 6.5 : जी.एस.एल.वी. की उड़ान

जी.एस.एल.वी.

भू-तुल्यकाली उपग्रह प्रमोचक रॉकेट (जी.एस.एल. वी.—जियोस्टेशनरी सैटेलाइट लांच वेहिकल), इन्सैट-2 श्रेणी

के उपग्रहों (2000–2500 कि.ग्रा.) को भू-तुल्यकाली अंतरण कक्षा (जी.टी.ओ.—पृथ्वी से लगभग 36,000 कि.मी. की ऊँचाई) में स्थापित करने में सक्षम है। जी.एस.एल.वी. एक तीन चरणों वाला यान है, जिसमें पहला ठोस-आधार या पुश वाला, दूसरा तरल दबाव वाला यानि लिक्विड प्रोपेल्ड तथा तीसरा क्रायोजेनिक (क्रायोजेनिक का उद्‌गम 'यूनानी' शब्द 'क्रायोस' से बना है, जिसका अर्थ होता है शीत यानी बर्फ की तरह शीतल) आधारित होता है। पहले चरण में 4 द्रव (एल 40) स्ट्रैप-ऑन के साथ एस 139 ठोस बूस्टर समाविष्ट है। दूसरा चरण (जी.एस.2) द्रव इंजन है और तृतीय चरण (जी.एस.3) निम्नतापीय चरण है। इसके तीसरे यानि अंतिम चरण में सबसे अधिक बल की आवश्यकता होती है। रॉकेट की यह आवश्यकता केवल क्रायोजेनिक इंजन ही पूरा कर सकते हैं। इसलिए बिना क्रायोजेनिक इंजन के जी.एस.एल.वी. रॉकेट का निर्माण मुश्किल होता है। अधिकतर विकसित उपग्रह दो टन से अधिक के ही होते हैं। इसलिए विश्व भर में छोड़े जाने वाले 50 प्रतिशत उपग्रह इसी वर्ग में आते हैं। जी.एस.एल.वी. की ऊँचाई 49 मी. और उत्थापन भार 414 टन है। यान 6573 किलो न्यूटन का उत्थापन प्रणोद (Life off Thrust) उत्पन्न करता है।

जी.एस.एल.वी.-मार्क III

जी.एस.एल.वी.-III या भू-तुल्यकाली उपग्रह प्रमोचन यान मार्क III, भारतीय अंतरिक्ष अनुसंधान संगठन द्वारा संप्रति विकासाधीन एक प्रमोचन यान है। इसरो के लगभग 4000 कि.ग्रा. भार वाले इन्सैट-4 श्रेणी के भारी संचार उपग्रहों के प्रमोचन के लिए जी.एस.एल.वी. मार्क III की परिकल्पना और डिजाइन तैयार की गई है। यह अरबों डालर के व्यापारिक प्रमोचन बाजार में सक्षम प्रतियोगी के रूप में देश की क्षमता में भी वृद्धि करता है। यह यान जी.टी.ओ., एल.ई.ओ., ध्रुवीय और मध्यवर्ती वृत्तीय कक्षा के लिए मल्टी-मिशन प्रमोचन क्षमता परिकल्पित करता है।

चित्र 6.6 : जी.एस.एल.वी. मार्क3 की उड़ान

जी.एस.एल.वी.-मार्क III को 630 टन उत्थापन भार व 42.4 मी. लंबाई सहित तीन चरण यान के रूप में अभिकल्पित किया गया है। प्रथम चरण में 200 टन ठोस नोदक सहित दो एक समान एस-200 बृहत् ठोस बूस्टर (एल.एस.बी.) समाहित हैं, जिन्हें द्वितीय चरण, एल-110

में पुनः प्रारंभ योग्य द्रव चरण पर स्ट्रैप ऑन किया गया है। तृतीय चरण सी-25 (एल.ओ.एक्स. एवं एल.एच. 2) निम्नतापीय चरण है। बृहत् नीतभार फेयरिंग का व्यास 5 मी. है और यह 100 क्यू. मी. आयतन के पेलोड को समायोजित कर सकता है।

2. भारतीय उपग्रह

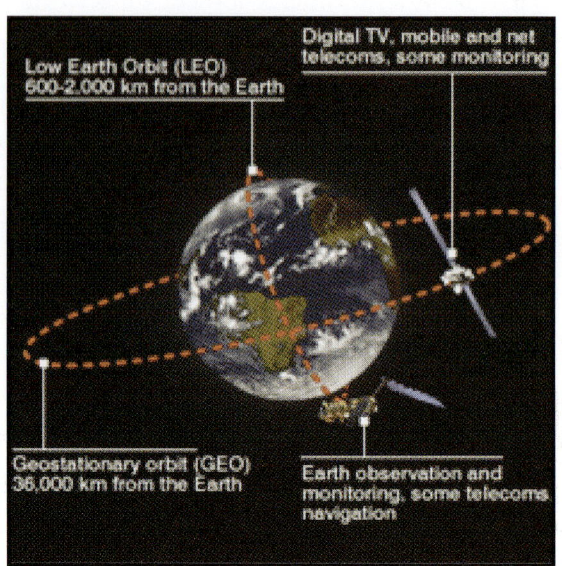

पिछले चार दशकों में, इसरो ने मोबाइल संचार, डायरेक्ट टू होम सेवाएँ, मौसम-विज्ञानीय प्रेक्षण, दूर-चिकित्सा, दूर-शिक्षा, आपदा चेतावनी, रेडियो नेटवर्किंग, खोज और बचाव कार्य, सुदूर संवेदन और अंतरिक्ष के वैज्ञानिक अध्ययन जैसे विभिन्न वैज्ञानिक और प्रौद्योगिकी संबंधी अनुप्रयोगों के लिए 60 से अधिक उपग्रहों को प्रमोचित किया है।

इसरो ने दो प्रमुख अंतरिक्ष प्रणालियाँ, यथा संचार, टेलीविजन प्रसारण और मौसमविज्ञानीय सेवाओं के लिए भारतीय राष्ट्रीय उपग्रह प्रणाली (इन्सैट), जो भू-स्थिर उपग्रह है और संसाधन मॉनीटरिंग और प्रबंधन के लिए भारतीय सुदूर संवेदी उपग्रह (आई.आर.एस.), जो कि भू-प्रेक्षण उपग्रह है, स्थापित किया है। इसरो ने अंतरिक्ष के अन्वेषण के लिए कई प्रायोगिक उपग्रहों को प्रमोचित किया है, जो सामान्यतः इन्सैट या आई.आर.एस. और अन्य अंतरिक्ष मिशनों की तुलना में छोटे हैं।

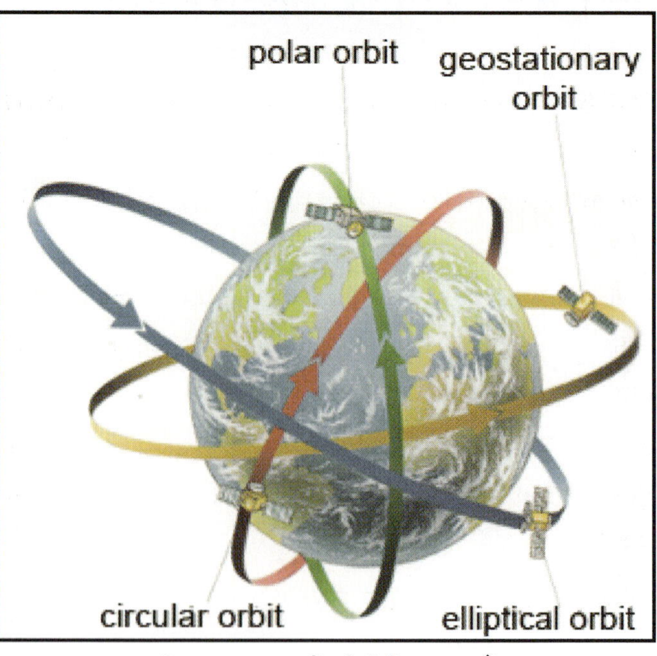

चित्र 6.7 : उपग्रहों की विभिन्न कक्षाएँ

भू-स्थिर उपग्रह

भारतीय राष्ट्रीय उपग्रह (इन्सैट) प्रणाली, जिन्हें भू-स्थिर कक्षाओं में

स्थापित किया गया है, एशिया-प्रशांत क्षेत्र की व्यापक घरेलू संचार उपग्रह प्रणालियों में से एक है। 198 3 में इन्सैट-1बी के प्रवर्तन के साथ स्थापित, इसने भारत के संचार क्षेत्र में प्रमुख क्रांति लाई और बाद में उसे बनाए रखा।

पृथ्वी को अपनी धुरी पर एक चक्कर लगाने में 24 घंटे लगते हैं। उपग्रह यदि एक चक्कर लगाने में 24 घंटे ले तो इन दोनों का सापेक्ष वेग शून्य होगा। उपग्रह हालाँकि काफी तेज गति से परिक्रमा कर रहा होता है, लेकिन पृथ्वी को स्थिर प्रतीत होता है। इन्हीं कारणों से इसे भूमध्यवर्ती या भूस्थिर कक्षा कहते हैं। सभी संचार उपग्रह इसी कक्षा में स्थापित किए गए हैं और इसी कक्षा से राष्ट्र की सेवा कर रहें हैं। टी.वी, संचार प्रणाली और आपदा प्रबंधन की देख-रेख इंसैट सेवाओं के माध्यम से की जा रही है। अंतरिक्ष अनुसंधान की सेवाएँ अब आम आदमी के पास उपग्रहों के द्वारा पहुँच रही है यह उपग्रह इसी कक्षा पर स्थापित है।

भू-प्रेक्षपण उपग्रह

भारतीय सुदूर संवेदी (आई.आर.एस.) उपग्रह प्रणाली 1988 में आई.आर.एस.-1ए के प्रमोचन के साथ आरंभ हुई। आई.आर.एस. विश्व में वृहत्तम नागरिक सुदूर संवेदन उपग्रह समूह है, जो विभिन्न प्रकार के स्थानिक विभेदन, स्पैक्ट्रमी बैंड और प्रमार्जों में प्रतिबिंबिकी उपलब्ध करवा रहा है। यह आँकड़ा कृषि, जल संसाधन, शहरी विकास, खनिज संभावनाओं, पर्यावरण, वन, सूखा और बाढ़ अनुमान, समुद्री संसाधन और आपदा प्रबंधन को सम्मिलित करते हुए अनेक अनुप्रयोगों में उपयोग किया जाता है।

पृथ्वी के उत्तर एवं दक्षिण ध्रुवों से गुजरने वाली कक्षा को ध्रुवीय कक्षा कहते हैं। इस कक्षा का झुकाव 900 होता है और इसकी कक्षा की ऊँचाई पृथ्वी की सतह से 615 कि.मी. से 1300 कि.मी. तक हो सकती है। चित्रों के माध्यम से प्राकृतिक संसाधनों की खोज के लिए, उपग्रह को इसी कक्षा में स्थापित करते हैं। हमारी सभी भारतीय सुदूर संवेदन उपग्रह इसी कक्षा से कार्य कर रहे हैं। ये सभी उपग्रह सूर्य समकालिक कक्षा में स्थापित हैं। भूविज्ञान, वन और खनिज आदि से संबंधित सभी जानकारी इसी कक्षा में स्थापित उपग्रह के माध्यम से प्राप्त की जाती है। फसल आकलन, बंजर भूमि और प्राकृतिक संसाधनों का प्रभावी ढंग से प्रबंधन इस कक्षा में स्थापित उपग्रहों के द्वारा किया जाता है। इन उपग्रहों से प्राप्त चित्र सरकार के लिए बहुत उपयोगी होते हैं। साथ ही साथ अन्य संबंधित विभाग उचित समय पर सही निर्णय ले सकते हैं। भारतीय सुदूर संवेदी उपग्रहों की सेवाओं के 25 वर्ष (मार्च 2013 में) पूर्ण हो चुके हैं।

नौवहन कार्यक्रम

आई.आर.एन.एस.एस.-1

भारतीय क्षेत्रीय नौवहनीय उपग्रह प्रणाली (आई.आर.एन.एस.एस.)-1, आई.आर.एन.एस.एस. तारामंडल के सात उपग्रहों का पहला उपग्रह है, जो नौवहन नीतभार तथा सी. बैंड रेंज वाले प्रेषानुकर का वहन करता है। अंतरिक्षयान 1380 कि.ग्रा. के उत्थापन द्रव्यमान तथा लगभग 1600 वाट की विद्युत् व्यवस्था करने की क्षमता सहित अनुकूलतम 1-1 के संरचना का प्रयोग करता है तथा इसे 7 वर्ष की मिशन कालावधि के लिए डिजाइन किया गया है। 2013 के दौरान, आई.आर.एन.एस.एस. तारामंडल के प्रथम उपग्रह का प्रमोचन किया गया था।

गगन

नागर विमानन मंत्रालय ने उपग्रह-आधारित संचार, नौसंचालन और नागर विमानन के लिए निगरानी (सी.एन.एस.)/हवाई यातायात प्रबंधन (ए.टी.एम.) योजना के भाग के रूप में एक स्वदेशी उपग्रह-आधारित क्षेत्रीय जी.पी.एस. संवर्धन प्रणाली के कार्यान्वयन का निर्णय लिया है, जो अंतरिक्ष-आधारित संवर्धन प्रणाली (एस.बी.ए.एस.) के रूप में भी जाना जाता है। भारतीय एस.बी.ए.एस. प्रणाली को गगनपरिवर्णी शब्द दिया गया है—यानी जी.पी.एस. तथा जी.ई.ओ. संवर्धित नौसंचालन। भारतीय विमानपत्तन प्राधिकरण (ए.ए.आई.) और इसरो द्वारा संकल्पना के प्रमाणस्वरूप भारतीय वायुक्षेत्र पर प्रौद्योगिकी प्रदर्शन प्रणाली (टी.डी.एस.) के कार्यान्वयन सहित उपग्रह नौसंचालन के लिए संयुक्त रूप से राष्ट्रीय योजना तैयार की गई है। 2007 के दौरान आठ भारतीय हवाई अड्डों पर भारतीय रेफरेंस स्टेशन (आई.एन.आर.ई.एस.) के संस्थापन और बेंगलूर के समीप अवस्थित मास्टर कंट्रोल सेंटर (एम.सी.सी.) से उसके संयोजन द्वारा टी.डी.एस. सफलतापूर्वक संपन्न किया गया।

3. 50 उपग्रह प्रमोचन यानों के प्रमोचनों की प्रमोचन तिथि अनुसार तालिका

श्रीहरिकोटा, भारत से किए गए उपग्रह प्रमोचन यानों के प्रमोचनों का विवरण				
क्रम सं.	**उपग्रह**	**प्रमोचन यान**	**प्रमोचन तिथि**	**परिणाम**
1	रोहिणी प्रौद्योगिकी पेलोड	एस.एल.वी.- 3 - ई1	10 अगस्त, 1979	असफल
2	रोहिणी आर.एस-1	एस.एल.वी.- 3 - ई2	18 जुलाई, 1980	सफल
3	रोहिणी आर.एस-डी1	एस.एल.वी.- 3 - डी1	31 मई, 1981	सफल
4	रोहिणी आर.एस-डी2	एस.एल.वी.- 3 - डी2	17 अप्रैल, 1983	सफल
5	विस्तृत रोहिणी उपग्रह श्रृंखला (स्रोस-ए SROSS-A)	ए.एस.एल.वी.- डी1	24 मार्च, 1987	असफल

क्रम सं.	उपग्रह	प्रमोचन यान	प्रमोचन तिथि	परिणाम
6	स्रोस–बी (SROSS-B)	ए.एस.एल.वी.– डी2	13 जुलाई, 1988	असफल
7	स्रोस–सी (SROSS-C)	ए.एस.एल.वी.– डी3	20 मई, 1992	सफल
8	आई.आर.एस–1ई (IRS-1E)	पी.एस.एल.वी.– डी1	20 सितंबर, 1993	असफल
9	स्रोस–सी2 (SROSS-C2)	ए.एस.एल.वी.– डी4	4 मई, 1994	सफल
10	आई.आर.एस– पी2 (IRS-P2)	पी.एस.एल.वी.– डी2	15 अक्तूबर, 1994	सफल
11	आई.आर.एस– पी3 (IRS-P3)	पी.एस.एल.वी.– डी3	21 मार्च, 1996	सफल
12	आई.आर.एस–1डी (IRS-1D)	पी.एस.एल.वी.– सी1	29 सितंबर, 1997	सफल
13	ओशनसैट–1 (आई.आर.एस– पी4)	पी.एस.एल.वी.– सी2	26 मई, 1999	सफल
14	जीसैट–1 (GSAT-1)	जी.एस.एल.वी.– डी1	18 अप्रैल, 2001	सफल
15	प्रौद्योगिकी परीक्षण उपग्रह Technology Experiment Satellite (TES)	पी.एस.एल.वी.– सी3	22 अक्तूबर, 2001	सफल
16	कल्पना–1 (मेटसैट) Kalpana-1 (METSAT)	पी.एस.एल.वी.– सी4	12 सितंबर, 2002	सफल
17	जीसैट–1 (GSAT-2)	जी.एस.एल.वी.– डी2	8 मई, 2003	सफल
18	रिसोर्ससैट–1 (RESOURCESAT-1) आई.आर.एस–पी6 (IRS-P6)	पी.एस.एल.वी.– सी5	17 अक्तूबर, 2003	सफल
19	एडुसैट EDUSAT (GSAT-3)	जी.एस.एल.वी.–एफ.01	20 सितंबर, 2004	सफल
20	कार्टोसैट–1 एवं हैमसैट (CARTOSAT-2 & HAMSAT)	पी.एस.एल.वी.–सी6	5 मई, 2005	सफल
21	इन्सैट–4सी (INSAT-4C)	जी.एस.एल.वी.–एफ 802	10 जुलाई, 2006	असफल
22	कार्टोसैट–2 एवं एस.आर.ई–1 (CARTOSAT-2 & SRE-1)	पी.एस.एल.वी.– सी7	10 जनवरी, 2007	सफल
23	ए.ए.एम. एवं एजाइल (AAM & AGILE)	पी.एस.एल.वी.– सी8	23 अप्रैल, 2007	सफल
24	इन्सैट–4सी.आर. (INSAT-4CR)	जी.एस.एल.वी.–एफ 804	2 सितंबर, 2007	सफल
25	पोलरिस, टेक्सार (POLARIS, TECHSAR)	पी.एस.एल.वी.– सी10	21 जनवरी, 2008	सफल

क्रम सं.	उपग्रह	प्रमोचन यान	प्रमोचन तिथि	परिणाम
26	कार्टोसैट-2ए, आई.एम.एस.-1/टी. डब्ल्यूसैट (CARTOSAT- 2A, IMS-1/TWSAT)	पी.एस.एल.वी.- सी9	28 अप्रैल, 2008	सफल
27	चंद्रयान-1 (Chandrayaan-1)	पी.एस.एल.वी.- सी11	22 अक्तूबर, 2008	सफल
28	रिसैट-2 (RISAT-2)	पी.एस.एल.वी.- सी12	20 अप्रैल, 2009	सफल
29	ओशनसैट-2 (Oceansat-2)	पी.एस.एल.वी.- सी14	23 सितंबर, 2009	सफल
30	जीसैट-4 (आई.आर.एस.-पी4) GSAT-4 (IRS-P4)	जी.एस.एल.वी.- डी3	15 अप्रैल, 2010	असफल
31	कार्टोसैट-2बी (CARTOSAT-2B)	पी.एस.एल.वी.- सी15	12 जुलाई, 2010	सफल
32	जीसैट-5पी (GSAT-5P)	जी.एस.एल.वी.-एफ06	25 दिसंबर, 2010	असफल
33	रिसोर्ससैट-2(RESOURCESAT-2)	पी.एस.एल.वी.- सी16	20 अप्रैल, 2011	सफल
34	जीसैट-12 (GSAT-12)	पी.एस.एल.वी.- सी17	15 जुलाई, 2011	सफल
35	मेघा ट्रापिक्स (Megha-Tropiques)	पी.एस.एल.वी.- सी18	12 अक्तूबर, 2011	सफल
36	रिसैट-1 (RISAT-1)	पी.एस.एल.वी.- सी19	26 अप्रैल, 2012	सफल
37	स्पॉट-6 (SPOT-6)	पी.एस.एल.वी.- सी21	9 सितंबर, 2012	सफल
38	सरल (SARAL)	पी.एस.एल.वी.- सी20	25 फरवरी, 2013	सफल
39	आई.आर.एन.एस.एस.-1ए (IRNSS-1A)	पी.एस.एल.वी.- सी22	1 जुलाई, 2013	सफल
40	मोम या मंगलयान (MOM or Mangalyaan)	पी.एस.एल.वी.- सी25	5 नवंबर, 2013	सफल
41	जीसैट-14 (GSAT-14)	जी.एस.एल.वी.- डी5	5 जनवरी, 2014	सफल
42	आई.आर.एन.एस.एस.-1बी (IRNSS-1B)	पी.एस.एल.वी.- सी24	4 अप्रैल, 2014	सफल
43	स्पॉट-7 (SPOT-7)	पी.एस.एल.वी.- सी23	30 जून, 2014	सफल
44	आई.आर.एन.एस.एस.-1सी (IRNSS-1C)	पी.एस.एल.वी.- सी26	16 अक्तूबर, 2014	सफल

45	केयरमॉड्यूल के साथ उप-कक्षीय विकासात्मक परीक्षण उड़ान (Suborbital Development test flight with CARE module)	जी.एस.एल.वी.- मार्क3-X	18 दिसंबर, 2014	सफल
46	आई.आर.एन.एस.एस.-1डी (IRNSS-1D)	पी.एस.एल.वी.- सी27	28 मार्च, 2015	सफल
47	डी.एम.सी.3 (DMC3)	पी.एस.एल.वी.- सी28	10 जुलाई, 2015	सफल
48	जीसैट-6 (GSAT-6)	जी.एस.एल.वी.- डी6	27 अगस्त, 2015	सफल
49	एस्ट्रोसैट (ASTROSAT)	पी.एस.एल.वी.- सी30	28 सितंबर, 2015	सफल
50	टेलियोस-1 (TeLEOS-1)	पी.एस.एल.वी.- सी29	16 दिसंबर, 2015	सफल

4. एस.डी.एस.सी., शार केंद्र से 50वें उपग्रह प्रमोचन यान को प्रमोचित करने के अवसर पर आयोजित समारोह

एस.डी.एस.सी., शार केंद्र में 50वें उपग्रह प्रमोचन यान कार्यक्रम को पूर्ण करने के उपलक्ष्य में एक भव्य समारोह का आयोजन किया गया। इस समारोह में एस.डी.एस.सी., शार केंद्र के सभी कार्यरत कर्मचारियों, सेवानिवृत्त निदेशकों, सेवानिवृत्त गणमान्य व्यक्तियों, विशिष्ट वैज्ञानिकों और केंद्र के वर्तमान निदेशक ने बड़े उत्साह और गर्मजोशी के साथ भाग लिया। इस अवसर पर इसरो के अध्यक्ष श्री आर. सी. किरण कुमार मुख्य अतिथि के रूप में उपस्थित हुए। समारोह के दिन ऐसा प्रतीत हो रहा था कि जैसे बुजुर्गों के अनुभव और युवाओं के जोश व शक्ति का अभूतपूर्व संगम हो रहा हो। इस अवसर पर एक बड़े मैदान में विशाल सभा का आयोजन किया गया। यहाँ एक ही मंच पर आसीन इस केंद्र के भूतपूर्व निदेशकों, वर्तमान निदेशक, विशिष्ट वैज्ञानिकों और मुख्य अतिथि ने अपने अनुभवों को याद करते हुए, इस केंद्र की लगातार बढ़ती प्रगति के बारे में विशाल जन समूह को संबोधित किया। सभी लोगों ने आपस में एकता की भावना (Team work) पर विशेष ध्यान देने का गुरुमंत्र दिया। हर्ष और उल्लास के इस अवसर पर ऐसा प्रतीत हो रहा था जैसे अमूल्य मोतियों को एक माला के रूप में पिरो कर मंच पर विराजमान कर दिया गया हो।

इस अवसर पर एस.डी.एस.सी., शार केंद्र के कर्मचारियों और विद्यालय के छात्रों के द्वारा भव्य रंगारंग कार्यक्रमों का आयोजन भी किया गया। विद्यालय के छात्रों के द्वारा श्रीहरिकोटा के इतिहास पर आधारित एक अतिसुंदर लघु नाटिका भी प्रस्तुत की गई। केरल और पंजाब के कलाकारों द्वारा किए गए विशेष नृत्य का प्रदर्शन किया गया।

एस.डी.एस.सी., शार केंद्र के निदेशक श्री पी. कुन्हीकृष्णन द्वारा बाँसुरी वादन के प्रदर्शन ने दर्शकों को मंत्रमुग्ध कर दिया।

इस कार्यक्रम की मुख्य झलकियों को निम्न चित्रों में देखा जा सकता है—

चित्र 6.8 : मंच पर विराजमान एस.डी.एस.सी. शार के भतपूर्व निदेशक, वर्तमान निदेशक, नियंत्रक एवं उपनिदेशक, अन्य केंद्रों के निदेशक और इसरो के अध्यक्ष

चित्र 6.9 : समारोह में हिस्सा लेते हुए एस.डी.एस.सी., शार व अन्य केंद्रों के वैज्ञानिकों का जन समूह

चित्र 6.10 : समारोह में बाँसुरी वादन करते हुए एस.डी.एस.सी., शार के निदेशक श्री पी. कुन्हीकृष्णन

चित्र 6.11 : समारोह में लघु नाटिका का प्रदर्शन करते हुए अंतरिक्ष केंद्रीय विद्यालय के छात्र

चित्र 6.12 : समारोह में नृत्य कला का प्रदर्शन करते हुए कलाकार

5. हाल ही में किए गए कुछ विशेष भारतीय अंतरिक्ष कार्यक्रम

भारतीय अंतरिक्ष कार्यक्रम में खगोल विज्ञान, खगोल भौतिकी, ग्रहीय और भू-विज्ञान, वायुमंडलीय विज्ञान और सैद्धांतिक भौतिकी जैसे क्षेत्रों में अनुसंधान शामिल है। बैलून, परिज्ञापी रॉकेट, अंतरिक्ष मंच और भू-आधारित सुविधाएँ इन अनुसंधानात्मक प्रयासों को सहायता प्रदान करते हैं। वायुमंडलीय प्रयोगों के लिए परिज्ञापी रॉकेटों की शृंखला उपलब्ध है। विशेषकर खगोलीय एक्स-किरण और गामा-किरण प्रस्फोटों को निर्देशित करने के लिए कई वैज्ञानिक यंत्र उपग्रहों पर उड़ाए गए हैं। श्रीहरिकोटा से प्रक्षेपित किए गए हाल के ही कुछ चर्चित अंतरिक्ष कार्यक्रमों का उल्लेख नीचे किया गया है—

चित्र 6.13 : चंद्रयान का प्रमोचन

(क) चंद्रयान

चंद्रयान भारतीय अंतरिक्ष अनुसंधान संगठन के एक अभियान व यान का नाम है। चंद्रयान चंद्रमा की तरफ कूच करने वाला भारत का पहला अंतरिक्ष यान है। इस अभियान के अंतर्गत एक मानवरहित यान को 22 अक्तूबर, 2008 को चंद्रमा पर भेजा गया और यह 29 अगस्त, 2009 तक सक्रिय रहा। यह यान पोलर

सेटलाइट लांच वेहिकल (पी.एस.एल.वी.) के एक परिवर्तित संस्करण वाले राकेट की सहायता से सतीश धवन अंतरिक्ष केंद्र से प्रक्षेपित किया गया। भारतीय अंतरिक्ष अनुसंधान केंद्र 'इसरो' के चार चरणों वाले 316 टन वजनी और 44.4 मीटर लंबा अंतरिक्ष यान चंद्रयान प्रथम के साथ ही 11 और उपकरण पी.एस.एल.वी.-सी11 से प्रक्षेपित किए गए, जिनमें से पाँच भारत के हैं और छह अमरीका और यूरोपीय देशों के। इसे चंद्रमा तक पहुँचने में 5 दिन ही लगे पर चंद्रमा की कक्षा में स्थापित करने में 15 दिनों का समय लग गया। इस परियोजना में इसरो ने पहली बार 10 उपग्रह एक साथ प्रक्षेपित किए।

चंद्रयान का उद्देश्य चंद्रमा की सतह के विस्तृत नक्शे और पानी के अंश और हीलियम की तलाश करना था। चंद्रयान-प्रथम ने चंद्रमा से 100 कि.मी. ऊपर 525 कि.ग्रा. का एक उपग्रह ध्रुवीय कक्षा में स्थापित किया। इस उपग्रह ने अपने रिमोट सेंसिंग (दूर संवेदी) उपकरणों के जरिए चंद्रमा की ऊपरी सतह के चित्र भेजे।

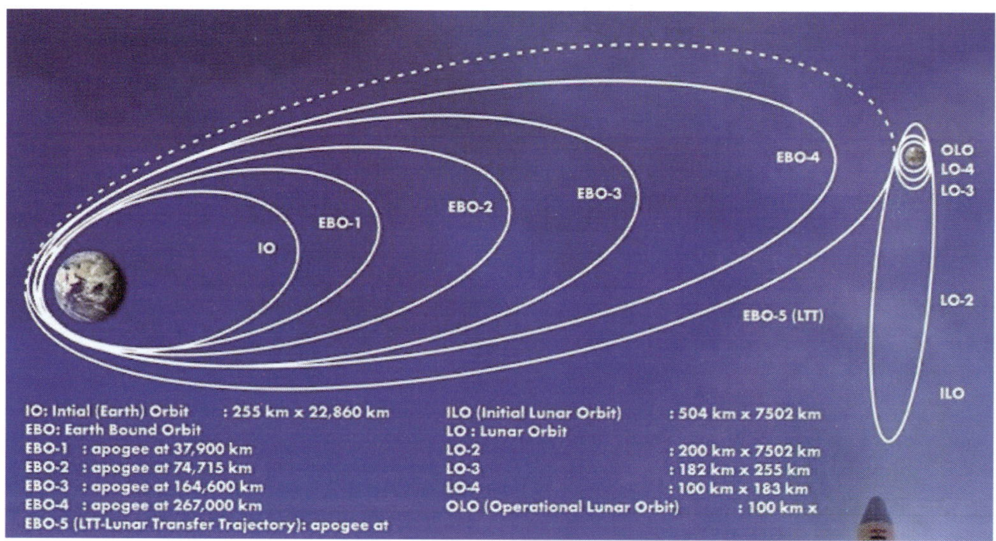

चित्र 6.14 : चंद्रयान प्रमोचन यान का प्रक्षेप वक्र

भारतीय अंतरिक्षयान प्रक्षेपण के अनुक्रम में यह 27वाँ उपक्रम था। इसका कार्यकाल लगभग 2 साल का होना था, मगर नियंत्रण कक्ष से संपर्क टूटने के कारण इसे उससे पहले बंद कर दिया गया। चंद्रयान के साथ भारत चाँद को यान भेजने वाला छठा देश बन गया था। इस उपक्रम से चंद्रमा और मंगल ग्रह पर मानव-सहित विमान भेजने के लिए रास्ता खुला।

चंद्रयान प्रमोचन के बाद 312 दिनों तक अंतरिक्ष में रहा और उसने चंद्रमा के चारों ओर 3400 से भी ज्यादा चक्कर लगाए। चंद्रयान-1 ने चंद्रमा और उसके धरातल के 70,000 से भी ज्यादा छाया चित्र पृथ्वी पर भेजे जिससे कि चंद्र धरातल पर उपस्थित पहाड़ों एवं चट्टानों, विशेषकर चंद्र ध्रुव के छायादार क्षेत्रों पर उपस्थित क्रेटर के बारे में पूरे स्पष्ट विवरण प्राप्त होते हैं। अंतत: चंद्रयान-1 अभियान शनिवार 29 अगस्त, 2009 को भारतीय समयानुसार 01:30 पर पृथ्वी से रेडियो संपर्क टूट जाने के कारण अंतरिक्ष में ही समाप्त

हो गया। नासा, यूरोपीय अंतरिक्ष एजेंसी और भारतीय वैज्ञानिकों ने इस बात की पुष्टि की है कि चंद्रयान-1 ने अपने उद्देश्य में लगभग 90% सफलता अर्जित कर ली थी।

भारतीय अंतरिक्ष अनुसंधान संगठन (इसरो) ने दावा किया कि चाँद पर पानी भारत की खोज है। चंद्रमा पर पानी की मौजूदगी का पता चंद्रयान पर मौजूद भारत के अपने मून इंपैक्ट प्रोब [एम.आई.पी.] ने लगाया। अमेरिकी अंतरिक्ष एजेंसी नासा के उपकरण ने भी चाँद पर पानी होने की पुष्टि की है। चंद्रमा पर पानी की मौजूदगी का पता भारत के अपने एम.आई.पी. ने लगाया है। चंद्रयान के प्रक्षेपण के करीब एक पखवाड़े बाद भारत का एम.आई.पी. यान से अलग होकर चंद्रमा की सतह पर उतरा था। उसने चंद्रमा की सतह पर पानी के कणों की मौजूदगी के पुख्ता संकेत दिए थे। चंद्रयान ने चाँद पर पानी की मौजूदगी का पता लगाकर इस सदी की महत्वपूर्ण खोज की है। इसरो के अनुसार चाँद पर पानी समुद्र, झरने, तालाब या बूँदों के रूप में नहीं बल्कि खनिज और चट्टानों की सतह पर मौजूद है। चंद्रमा पर पानी की मौजूदगी पूर्व में लगाए गए अनुमानों से कहीं ज्यादा है।

(ख) मंगलयान

मंगलयान (औपचारिक नाम—**मंगल कक्षित्र मिशन**, अंग्रेजी—Mars Orbiter Mission (**मार्स ऑर्बिटर मिशन**), भारत का प्रथम मंगल अभियान है। वस्तुत: यह भारतीय अंतरिक्ष अनुसंधान संगठन की

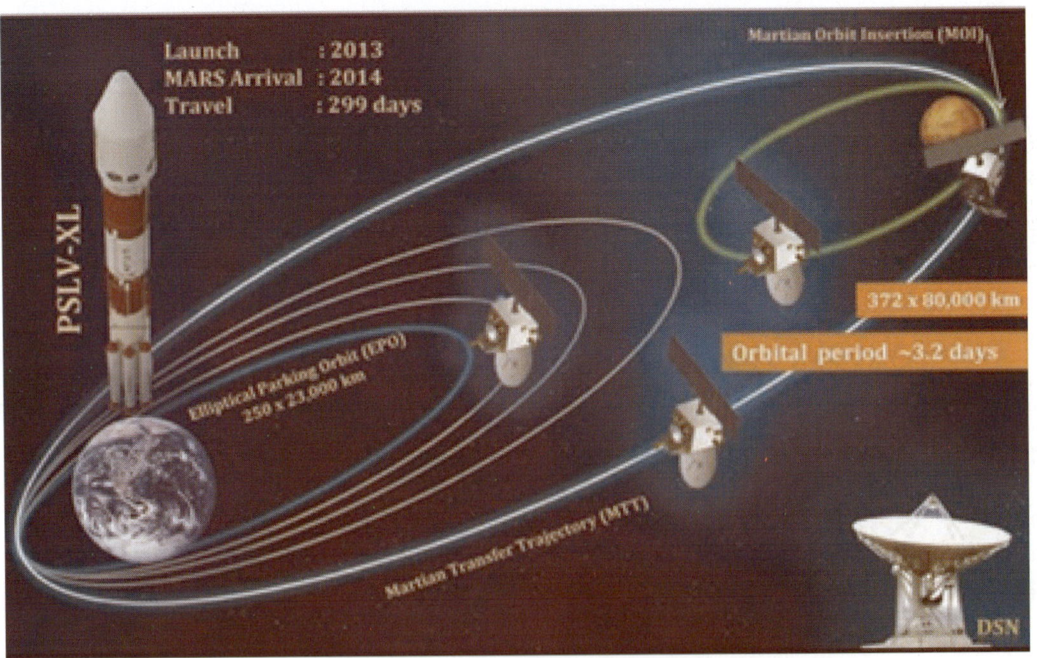

चित्र 6.15 : मंगलयान प्रमोचन यान का प्रक्षेप वक्र

एक महत्वाकांक्षी अंतरिक्ष परियोजना है। इस परियोजना के अंतर्गत 5 नवंबर, 2013 को 2 बजकर 38 मिनट पर मंगल ग्रह की परिक्रमा करने हेतु श्रीहरिकोटा स्थित सतीश धवन अंतरिक्ष केंद्र से ध्रुवीय उपग्रह प्रमोचन यान (पी.एस.एल.वी.) सी–25 के द्वारा सफलतापूर्वक छोड़ा गया। इसके साथ ही भारत भी अब उन देशों में शामिल हो गया है, जिन्होंने मंगल पर अपने यान भेजे हैं। वैसे अब तक मंगल को जानने के लिए शुरू किए गए दो तिहाई अभियान असफल भी रहे हैं, परंतु 24 सितंबर, 2014 को मंगल पर पहुँचने के साथ ही भारत विश्व में अपने प्रथम प्रयास में ही सफल होने वाला पहला देश बन गया है। इसके अतिरिक्त, यह मंगल पर भेजा गया सबसे सस्ता मिशन भी था।

वस्तुत: यह एक प्रौद्योगिकी प्रदर्शन परियोजना थी, जिसका लक्ष्य अंतरग्रहीय अंतरिक्ष मिशनों के लिए आवश्यक डिजाइन, नियोजन, प्रबंधन तथा क्रियान्वयन का विकास करना था। इस ऑर्बिटर का लक्ष्य अपने उपकरणों के साथ कम–से–कम 6 माह तक कक्षा में दीर्घ वृत्ताकार पथ पर मंगल की परिक्रमा करना तथा आँकड़े व तस्वीरें पृथ्वी पर भेजना था

मंगलयान के साथ पाँच प्रयोगात्मक उपकरण भेजे गए थे, जिनका कुल भार 15 किलोग्राम था।

- **मिथेन सेंसर (मिथेन संवेदक)**—इसका उद्देश्य मंगल के वातावरण में मिथेन गैस की मात्रा को मापना तथा इसके स्रोतों का मानचित्र बनाना था। मिथेन गैस की मौजूदगी से जीवन की संभावनाओं का अनुमान लगाया जाता है।
- **थर्मल इंफ्रारेड स्पेक्ट्रोमीटर (TIS) (ऊष्मीय अवरक्त स्पेक्ट्रोमापक)**—इसका उद्देश्य मंगल की सतह का तापमान तथा उत्सर्जकता (emissivity) की माप करना था, जिससे मंगल के सतह की संरचना तथा खनिजकी (mineralogy) का मानचित्रण करने में सफलता मिली।
- **मार्स कलर कैमरा (MCC) (मंगल वर्ण कैमरा)**—इसका उद्देश्य दृश्य स्पेक्ट्रम में चित्र खींचना था, जिससे अन्य उपकरणों के काम करने के लिए संदर्भ प्राप्त हुआ।
- **लिमैन अल्फा प्रकाशमापी (Lyman Alpha Photometer (LAP))**—इसका उद्देश्य ऊपरी वातावरण में ड्यूटेरियम तथा हाइड्रोजन की मात्रा को मापना था।
- **मंगल एक्सोस्फेरिक न्यूट्रल संरचना विश्लेषक (MENCA) (मंगल बहिर्मंडल उदासीन संरचना विश्लेषक)**—यह एक चतुर्ध्रुवी द्रव्यमान विश्लेषक था, जो बहिर्मंडल (एक्सोस्फीयर) में अनावेशित कण संरचना का विश्लेषण करने में सक्षम था।

5 नवंबर, 2013 को मंगलयान की 20 करोड़ किलोमीटर से ज्यादा लंबी यात्रा की शुरुआत थी, जिसमें नौ महीने से भी ज्यादा का समय लगना था और वैज्ञानिकों के सामने सबसे बड़ी चुनौती इसके अंतिम चरण में यान को बिल्कुल सटीक तौर पर धीमा करने की थी, ताकि मंगल ग्रह अपने छोटे गुरुत्व बल के जरिए इसे अपने उपग्रह के रूप में स्वीकार करने को तैयार हो जाए। इस मिशन को तीन निम्नलिखित चरणों में बाँटा जा सकता है—

(क) भू केंद्री चरण (Geo Centric Phase)

अंतरिक्ष यान प्रमोचन यान के द्वारा एक अंडाकार पड़ाव कक्षा (Elliptic Parking Orbit) में इंजेक्ट किया जाता है। छह मुख्य इंजन जलने के साथ, अंतरिक्ष यान को धीरे-धीरे एक प्रस्थान अतिपरवलयिक प्रक्षेपवक्र (Hyperbolic Trajectory) में भेजा गया था, जिसके कारण यह पृथ्वी की कक्षा + V बूस्ट के वेग तक पहुँचने के साथ ही पृथ्वी के गोले के प्रभाव क्षेत्र (Earth's Sphere of Influence) से पलायन कर गया। पृथ्वी के गोले का प्रभाव क्षेत्र (SOI) सतह से 918,347 किलोमीटर की दूरी पर समाप्त हो जाता है, जिसके आगे परिक्रमा पर विक्षोभकारी बल मुख्य रूप से सूर्य की वजह से होता है। शुरू में एक प्राथमिक चिंता का विषय था कि ईंधन की कम-से-कम मात्रा से कैसे, मंगल ग्रह पर अंतरिक्ष यान पहुँचाया जाए। कम-से-कम ईंधन के द्वारा पृथ्वी से मंगल ग्रह पर एक अंतरिक्ष यान भेजने के लिए, इसरो ने होहमन्न स्थानांतरण कक्षा, एक जर्मन वैज्ञानिक वाल्टर होहमन्न के नाम से ज्ञात या कम-से-कम ऊर्जा अंतरण कक्षा पद्धति की यात्रा का उपयोग किया था।

(ख) सूर्यकेंद्री चरण (Helio Centric Phase)

अंतरिक्ष यान ने पृथ्वी से इसकी कक्षा के स्पर्शरिखा की दिशा में पृथ्वी से पलायन किया और मंगल ग्रह पर उसकी कक्षा की स्पर्शरिखा में ही मिल गया। उड़ान पथ सूर्य के चारों ओर एक अंडाकार आकृति के लगभग आधा था। अंतत: मंगल ग्रह की कक्षा को ऐसे समय पर काटना था, जब मंगल ग्रह भी वहाँ पर हो। यह प्रक्षेपवक्र निश्चित अनुमति के साथ संभव हुआ, जब पृथ्वी, मंगल और सूर्य लगभग 44° के तुलनात्मक कोण की स्थिति में थे। इस तरह की व्यवस्था 780 दिनों के अंतराल में होती है।

(ग) मंगल ग्रह का चरण (Martian Phase)

अंतरिक्ष यान एक अतिपरवलयिक प्रक्षेपवक्र में, मंगल के गोले के प्रभाव क्षेत्र (मंगल ग्रह की सतह से 573,473 किलोमीटर के आसपास) में पहुँचा। जैसे ही अंतरिक्ष यान मंगल ग्रह की निकटतम प्रस्तावित दूरी (Periapsis) पर पहुँचा, यह ΔV रेट्रो के द्वारा नियोजित कक्षा में पकड़ लिया गया, जिसे मंगल की कक्षा निवेशन (Mars Orbit Insertion) का विशिष्ट तरीका कहा जाता है। पृथ्वी से मंगल ग्रह का प्रक्षेपवक्र ऊपर चित्र में दिखाया गया है। इसरो ने मंगल आर्बिटर मिशन कि लिए, नवंबर 2013 के न्यूनतम ऊर्जा हस्तांतरण अवसर का उपयोग किया था।

24 सितंबर, 2014 की सुबह 7 बज कर 17 मिनट पर 440 न्यूटन लिक्विड एपोजी मोटर (एल.ए.एम.) यान को मंगल की कक्षा में प्रवेश कराने वाले थ्रस्टर्स के साथ सक्रिय किया गया, जिससे यान की गति को 22.1 कि.मी. प्रति सेकंड से घटा कर 4.4 कि.मी. प्रति सेकंड करके मंगलयान को मंगल ग्रह की कक्षा में सफलतापूर्वक प्रविष्ट कराया गया। यह कार्य संपन्न होते ही सभी वैज्ञानिक खुशी से झूम उठे। इस क्षण का सीधा प्रसारण दुरदर्शन द्वारा राष्ट्रीय टेलीविजन पर किया गया तथा भारत के इस गौरवमयी क्षण को देखने के

लिए भारत के प्रधानमंत्री श्री नरेंद्र मोदी जी स्वयं वहाँ उपस्थित थे।

जिस समय यान मंगल की कक्षा में प्रविष्ट हुआ उस समय पृथ्वी तक इसके संकेतों को पहुँचने में लगभग 12 मिनट 28 सेकंड का समय लगा। ये संकेत नासा के कैनबरा और गोल्डस्टोन स्थित डीप स्पेस नेटवर्क स्टेशनों ने ग्रहण किए और आँकड़े रीयल टाइम पर यहाँ इसरो स्टेशन भेजे गए। **प्रतिष्ठित 'टाइम' पत्रिका ने मंगलयान को 2014 के सर्वश्रेष्ठ आविष्कारों में शामिल किया है।**

(ग) भारतीय क्षेत्रीय नौवहन उपग्रह प्रणाली (आई.आर.एन.एस.एस.—Indian Regional Navigation Satellite System)

आई.आर.एन.एस.एस. भारतीय अंतरिक्ष अनुसंधान संगठन (इसरो) द्वारा विकसित, एक स्वतंत्र क्षेत्रीय उपग्रह नौवहन प्रणाली है, जो पूर्णतया भारत सरकार के अधीन होगी। यह भारत और भारत की सीमा से 1500 किलोमीटर तक के विस्तार क्षेत्र में उपयोगकर्ताओं के लिए सही स्थिति की जानकारी वाली सेवा प्रदान करने के लिए बनाई गई है, जो इसकी प्राथमिक सेवा क्षेत्र के रूप में है। विस्तारित सेवा क्षेत्र, प्राथमिक सेवा क्षेत्र और अक्षांश में 30 अंश दक्षिण से 50 अंश उत्तर, देशांतर में 30 अंश पूर्व से 130 अंश पूर्व आयत से घिरे क्षेत्र के बीच स्थित है।

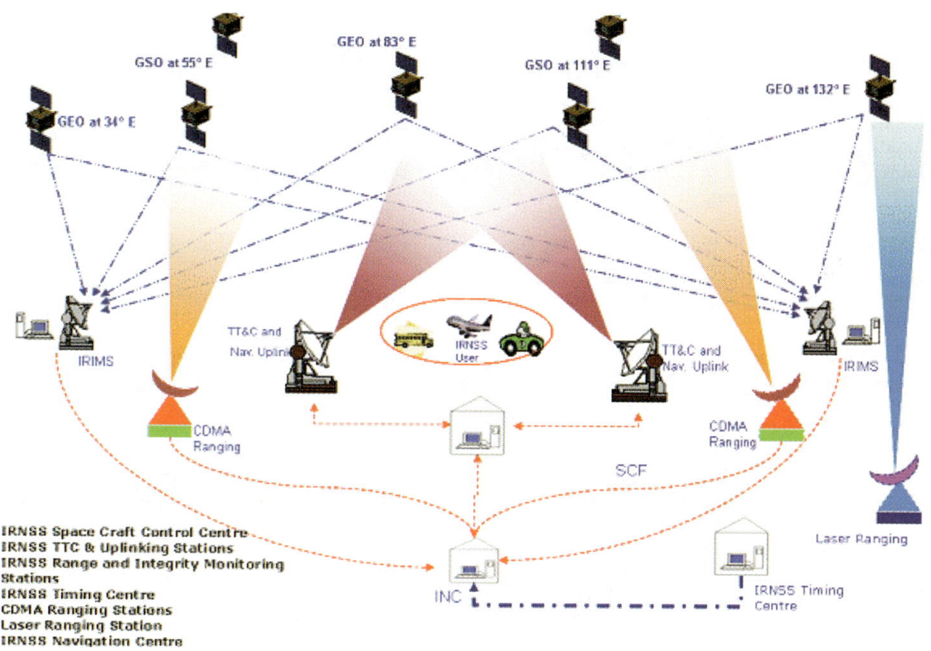

चित्र 6.16 : आई.आर.एन.एस.एस. का विन्यास

भारतीय क्षेत्रीय नौवहन उपग्रह प्रणाली या आई.आर.एन.एस.एस. भारत में ही विकसित नौवहन उपग्रह प्रणाली है। पूरी तरह से तैनात आई.आर.एन.एस.एस. प्रणाली पृथ्वी की सतह से लगभग 36,000 किलोमीटर

की ऊँचाई पर स्थित होगी, जिसमें भू कक्षा में 3 उपग्रह और जी.एस.ओ. कक्षा में 4 उपग्रह शामिल हैं। शत्रुतापूर्ण स्थितियों में विदेशी सरकार द्वारा नियंत्रित वैश्विक नौवहन उपग्रह प्रणाली की कोई गारंटी नहीं है। इसी कारण एक स्वदेशी नेविगेशन प्रणाली की आवश्यकता प्रतीत हुई। आई.आर.एन.एस.एस. दो प्रकार की सेवाएँ देगी। इनमें सभी उपयोगकर्ताओं के लिए स्टैंडर्ड पोजिशनिंग सर्विसेज (एस.पी.एस.) और अधिकृत उपभोगियों के लिए सीमित सेवाएँ (आर.एस.—Restricted Services) प्रदान की जाएँगी।

प्रस्तावित आई.आर.एन.एस.एस. प्रणाली में सात उपग्रहों का एक समूह है, जिनमें से चार को सन् 2015 तक कक्षा में स्थापित किया जा चुका है। यही नहीं, सन् 2016 के मार्च माह तक 51वें और 52वें उपग्रह के रूप में इस समूह में दो और उपग्रहों को पूरी तरह से तैनात किया जा चुका है। इन प्रमोचित किए जा चुके छह आई.आर.एन.एस.एस. उपग्रहों की संक्षिप्त जानकारी निम्नवत है—

क्रम संख्या	उपग्रह	प्रमोचन यान	प्रमोचन तिथि
1	आई.आर.एन.एस.एस. 1ए	पी.एस.एल.वी. सी22	01 जुलाई, 2013
2	आई.आर.एन.एस.एस. 1बी	पी.एस.एल.वी. सी24	4 अप्रैल, 2014
3	आई.आर.एन.एस.एस. 1सी	पी.एस.एल.वी. सी26	16 अक्तूबर, 2014
4	आई.आर.एन.एस.एस. 1डी	पी.एस.एल.वी. सी27	28 मार्च, 2015
5	आई.आर.एन.एस.एस. 1ई	पी.एस.एल.वी. सी31	20 जनवरी, 2016
6	आई.आर.एन.एस.एस. 1एफ	पी.एस.एल.वी. सी32	10 मार्च, 2016

नौवहन मानकों, उपग्रह नियंत्रण, उपग्रह की सीमा और निगरानी आदि के लिए प्रणाली तैयार करने और ट्रांसमिशन की जिम्मेदारी कई ग्राउंड स्टेशनों की है, जिन्हें देश में कई स्थानों पर स्थापित किया गया है। इस शृंखला के आखिरी उपग्रह को सन् 2016 के अप्रैल माह में प्रमोचित किया गया था।

सप्तम अध्याय

सतीश धवन अंतरिक्ष केंद्र–शार की वर्तमान सुविधाएँ

राष्ट्रीय विकास के लिए अंतरिक्ष प्रौद्योगिकी की अपार क्षमता को भारत में साकार करने की शुरुआत तिरुवनंतपुरम के निकट थुम्बा से गुजरने वाली चुंबकीय भूमध्य रेखा के ऊपर के ऊपरी वायुमंडल और आयनमंडल की जानकारी पाने के लिए एक छोटे परिज्ञापी रॉकेट की उड़ान से की गई। यह शक्तिशाली प्रौद्योगिकी राष्ट्रीय विकास और आम आदमी की समस्याओं को सुलझाने में सार्थक भूमिका निभा सकती है, इस प्रकार की कल्पना सर्वप्रथम दूरदर्शी वैज्ञानिक डॉ. विक्रम साराभाई ने की थी।

तदनुसार, भारतीय अंतरिक्ष अनुसंधान संगठन (इसरो) ने सफलतापूर्वक दो प्रमुख उपग्रह प्रणालियों का संचालन किया गया है। इनमें संचार सेवाओं के लिए भारतीय राष्ट्रीय उपग्रह (इन्सैट) और प्राकृतिक संसाधनों के प्रबंधन के लिए भारतीय रिमोट सेंसिंग (आई.आर.एस) के उपग्रह हैं। इसके अलावा, आई.आर.एस प्रकार के उपग्रहों को प्रक्षेपित करने के लिए ध्रुवीय उपग्रह प्रक्षेपण यान (पी.एस.एल.वी.) और इन्सैट प्रकार के उपग्रहों को प्रक्षेपित करने के लिए भूस्थिर उपग्रह प्रक्षेपण यान (जी.एस.एल.वी.) का उपयोग किया जाता है।

देश के सामाजिक-आर्थिक लाभ के लिए अंतरिक्ष विज्ञान और प्रौद्योगिकी के विकास और अनुप्रयोग को बढ़ावा देने हेतु अंतरिक्ष आयोग नीतियाँ बनाता है और भारतीय अंतरिक्ष कार्यक्रम के क्रियान्वयन की देख-रेख करता है। अंतरिक्ष विभाग (DOS) मुख्य रूप से भारतीय अंतरिक्ष अनुसंधान संगठन (ISRO), नेशनल रिमोट सेंसिंग सेंटर (NRSC), भौतिक अनुसंधान प्रयोगशाला (PRL), राष्ट्रीय वायुमंडलीय अनुसंधान प्रयोगशाला (NARL), उत्तर पूर्वी अंतरिक्ष उपयोग केंद्र (NE-SAC) और सेमी कंडक्टर प्रयोगशाला (SCL) के माध्यम से इन कार्यक्रमों को लागू करता है। एक सरकारी स्वामित्व वाली कंपनी के रूप में 1992 में स्थापित एंट्रिक्स कॉरपोरेशन (Antrix Corporation) अंतरिक्ष के उत्पादों और सेवाओं का विपणन करता है। भारतीय अंतरिक्ष अनुसंधान संगठन (इसरो), भारत सरकार के अधीन अंतरिक्ष अनुसंधान का मुख्य भाग है। भारतीय अंतरिक्ष अनुसंधान संगठन (इसरो) दुनिया में अग्रणी अंतरिक्ष अनुसंधान संगठनों में से एक है। यह पहले शुरू किए गए समन्वित प्रयासों के परिणाम के रूप में 1969 में अपने आधुनिक रूप में स्थापित किया गया था। इसके बजट को ध्यान में रखते हुए, शायद यह दुनिया के सबसे कुशल अंतरिक्ष संगठनों में से एक है।

अनेकानेक वैज्ञानिकों के मार्गदर्शन के अंतर्गत, इसरो ने भारतीय और विदेशी दोनों ग्राहकों के लिए विभिन्न प्रकार के अंतरिक्ष कार्यक्रमों का आयोजन सफलतापूर्वक संपन्न किया है। इसरो के उपग्रह प्रक्षेपण की क्षमता स्वदेशी प्रक्षेपण वाहन और प्रक्षेपण केंद्रों द्वारा प्रदान की जाती है। इसरो ने अपने पहले चंद्र अन्वेषण से संबंधित चंद्रयान-1 और ग्रहों के अन्वेषण से संबंधित मंगलयान का प्रक्षेपण सफलतापूर्वक

कर लिया है। जबकि भविष्य की योजनाओं में मानव अंतरिक्ष मिशन, आगे चंद्र अन्वेषण, और ग्रहों के बीच परीक्षण आदि शामिल हैं। संपत्ति के रूप में इसरो के पास कई प्रतिष्ठान हैं, और कई द्विपक्षीय और बहुपक्षीय समझौतों के रूप में अंतरराष्ट्रीय समुदाय के साथ सहयोग करते हैं।

इसरो का मुख्यालय अंतरिक्ष भवन, बेंगलूर में स्थित है और अनुसंधान सुविधाओं, परीक्षण सुविधाओं, निर्माण और प्रक्षेपण सुविधाओं, ट्रैकिंग और नियंत्रण की सुविधा, मानव संसाधन विकास, और वाणिज्यिक विंग के क्षेत्र की स्थापना देश भर में जैसे बेंगलूर, श्रीहरिकोटा, तिरुवनंतपुरम, अहमदाबाद, हसन, हैदराबाद और महेंद्रगिरि आदि में स्थित है।

सतीश धवन अंतरिक्ष केंद्र-शार की सुविधाएँ

09 अक्तूबर, 1971 को श्रीहरिकोटा के रॉकेट प्रमोचन मंच से प्रथम परिज्ञापी रॉकेट (Sounding Rocket), रोहणी-125 का प्रमोचन किया गया था। इस प्रमोचन के साथ ही इस शृंखला के रोहिणी 200, 300 एवं रोहिणी 560 का प्रक्षेपण किया गया।

परिज्ञापी रॉकेट के परीक्षण के साथ-साथ उपग्रह प्रमोचन के क्षेत्र में प्रवेश करते हुए, उपग्रह प्रमोचन यान एस.एल.वी.-3 को अगस्त 1979 में प्रक्षेपित किया। इसके बाद निरंतर उपग्रह प्रमोचन यान समय-समय पर प्रक्षेपित किए जा रहे हैं।

शार केंद्र को मूलभूत सुविधाओं से प्रारंभ करते हुए, वर्तमान युग की आधुनिक सुविधाओं से सुसज्जित कर दिया गया है।

अंतरिक्ष कार्यक्रमों के प्रासंगिक अनुसंधान और विकास गतिविधियों के लिए सतीश धवन अंतरिक्ष केंद्र—शार में निम्न मुख्य विभागों की स्थापना की गई है।

- ठोस प्रणोदक संयंत्र (स्प्रोब और एसपीपी)
- प्रमोचन यान समुच्चयन और प्रमोचन सुविधाएँ (VALF)
    - प्रथम प्रमोचन मंच
    - द्वितीय प्रमोचन मंच
- ठोस मोटर की योग्यता एवं पर्यावरणीय परीक्षण सुविधाएँ (SMP & ETF)
    - रॉकेट मोटरों तथा अन्य उप-तंत्रों की परीक्षण सुविधाएँ
    - कंपन परीक्षण सुविधा
    - अपकेंद्रीय परीक्षण सुविधा
- द्रव नोदक भंडारण एवं सेवा सुविधाएँ (LSSF)
- रेंज प्रचालन (RO)
    - रेंज यंत्रीकरण प्रणाली (RIS)
    - शार कंप्यूटर सुविधा (SCOF)

- COWAA और DWFS
- मिशन उड़ान सुरक्षा विश्लेषण एवं वास्तविक काल
- आँकड़ा संसाधन
- रेंज सुरक्षा
- मौसम विज्ञान (MET)
- कार्यक्रम प्रबंधन

- शार केंद्रीय डिजाइन एवं एडवांस्ड सिस्टम्स समूह (SCEND & ASG)
- प्रणाली विश्वसनीयता और सुरक्षा (SR & Safety)
- निर्माण एवं रख-रखाव समूह (CMG)
- अन्य सुविधाएँ

(1) ठोस प्रणोदक सयंत्र (स्प्रोब और एस.पी.पी.)

भारतीय अंतरिक्ष अनुसंधान संगठन की शुरुआत सन् 1967 में 75 मि.मी. व्यास वाली 4 किग्रा. ठोस प्रणोदक मोटर के उत्पादन के साथ त्रिवेंद्रम (केरल) में की गई। परिज्ञापी रॉकेट के अंतर्गत, 125 मि.मी. से लेकर 560 मि.मी. मोटर के व्यास और 14 कि ग्रा. से लेकर 700 कि.ग्रा. तक के ठोस प्रणोदक के रॉकेट प्रमोचित किए गए।

सतीश धवन अंतरिक्ष केंद्र, शार में उपग्रह प्रमोचन यानों के लिए बृहत् आकार के ठोस प्रणोदक ग्रेन को तैयार करने के लिए, दो ठोस प्रणोदक संयंत्र हैं। प्रथम संयत्र, ठोस प्रणोदक अंतरिक्ष बूस्टर संयंत्र (स्प्रोब) को 1970 के उत्तरार्ध में एस.एल.वी-3 के ठोस नोदक की आवश्यकताओं की पूर्ति करने के लिए स्थापित किया गया था, जो बाद में पी.एस.एल.वी. तथा जी.एस.एल.वी. के ठोस नोदक की आवश्यकताओं की पूर्ति करने के लिए संवर्धित किया गया। यह संयंत्र 3.5 मी. की लंबाई और 2.8 मी. के व्यास के रॉकेट मोटरों के खंडों को तैयार करता है। इस संयंत्र में तैयार किए गए पाँच रॉकेट खंडों से पी.एस.एल.वी. के प्रथम चरण का बूस्टर मोटर तैयार होता है। यही बूस्टर मोटर जी.एस.एल.वी. के प्रथम चरण में भी उपयोग किया जाता है।

यहाँ उन्नत रॉकेट मोटरों के निर्माण में कम-से-कम भार और उच्च दक्षता वाले केवलार कवच का मोटर, जो पी.एस.एल.वी. के तृतीय चरण को प्रणोद प्रदान करता है तथा उसका उत्पादन भी यहीं होता है।

द्वितीय संयत्र, ठोस प्रणोदक संयंत्र (एस.पी.पी.) सन् 2008 में बन कर तैयार हुआ था। इसमें जी.एस.एल.वी. मार्क-III के ठोस एस 200 रॉकेट के खंडों का निर्माण करने के लिए किया जाता है। जी.एस.एल.वी. मार्क-III के प्रथम चरण को ठोस प्रणोदक के तीन खंडों को समाकलित करके तैयार करते हैं। इस रॉकेट की लंबाई 21.9 मी., व्यास 3.4 मी. एवं ठोस नोदक का वजन 207 टन है। जी.एस.एल.वी. मार्क-III में ऐसे दो एस-200 रॉकेट मोटरों का उपयोग करते हैं।

खंडों के खोल की आंतरिक दीवार पर ऊष्मारोधी परत चढ़ाना

प्रणोदक का समांगी मिश्रण स्टेशन

खंडों के तैयार खोल को कास्टिंग के गड्ढे में रखना

इन दोनों संयंत्रों में, अमोनियम परक्लोरेट, अति सूक्ष्म एल्यूमिनियम पाउडर तथा हाइड्राक्सिल टर्मिनेटेड पॉलिबुटाडाइन का इस्तेमाल करते हुए ठोस प्रणोदक का उत्पादन किया जाता है। ठोस प्रणोदक की प्रोसेसिंग में इस्तेमाल होने वाले सभी अवयव पूर्णत: स्वदेशी हैं। वर्टिकल मिक्सर में इन रसायनिक अवयवों का समांगी मिश्रण कर स्लरी (Slurry) बनाया जाता है, जिसे वैक्यूम के अधीन रॉकेट मोटर के अंदर प्रवाह कराया जाता है। इसके पूर्व रॉकेट मोटर के केस में तापीय रोधन की तह लगाई जाती है। प्रणोदक स्लरी अतिरिक्त ठोस तत्वों सहित पालीमेराइजेसन नामक रासायनिक क्रिया करता है और अपेक्षित यांत्रिक गुणों सहित ठोस खंड का निर्माण करता है। इन खंडों का उपयोग करने से पहले विभिन्न स्तरों पर इनकी गुणवत्ता की जाँच की जाती है।

प्रणोदक की अंत: सतह की मशीनिंग करना और ठोस प्रणोदक खंड का अविध्वंशकारी परीक्षण

खंड को क्यूरिंग सुविधा के लिए ले जाना

ठोस प्रणोदक स्लरी को खंडों के अंदर प्रवाहित करना

चित्र : शार–केंद्र, श्रीहरिकोटा में ठोस प्रणोदक उत्पादन की विभिन्न सुविधाएँ

यह विश्वस्तरीय ठोस प्रणोदक सयंत्र है जिसकी क्षमता और सुविधाएँ बहुत ही आधुनिक और सुरक्षित हैं। इस ठोस प्रणोदक संयंत्र को एस-200 के साथ साथ एस-139 और एक्सएल मोटरों के उत्पादन के लिए भी संवर्धित किया गया है। इस प्रकार यह संयंत्र इसरो के प्रमोचन यानों में उपयोग की जाने वाली सभी प्रकार की ठोस प्रणोदक मोटरों (कम भार और उच्च दक्षता वाली तृतीय चरण की पी.एस-3 मोटरों को छोड़कर) को तैयार करने में सक्षम है।

(2) प्रमोचन यान समुच्चयन और प्रमोचन सुविधाएँ

परिज्ञापी रॉकेट प्रमोचन से जी.एस.एल.वी. रॉकेट प्रमोचन तक, रॉकेट प्रमोचन संबंधी अनेक आधुनिक सुविधाओं का श्रीहरिकोटा में समावेश किया गया है। ध्रुवीय कक्षा और भू-तुल्यकाली स्थानांतरण कक्षा में उपग्रह को प्रक्षेपित करने के लिए शार में दो प्रमोचन परिसर स्थापित किए गए हैं। इन प्रमोचन परिसरों (Launch commplexes) में प्रमोचन यान के समुच्चयन, उपग्रह तैयार करने, ईंधन भरने, प्रमोचन प्रचालन, रॉकेट के विभिन्न भागों को समाकलन करने की सभी व्यवस्थाएँ हैं।

सतीश धवन अंतरिक्ष केंद्र, शार में निम्न भू-कक्षा, ध्रुवीय कक्षा तथा भू-तुल्यकाली अंतरण कक्षा में उपग्रहों का प्रमोचन करने के लिए आवश्यक संरचनाओं से परिपूर्ण दो प्रमोचन परिसर पूरी तरह से सक्रिय हैं। इन प्रमोचन परिसरों में अंतरिक्षयान के समुच्चयन, उपग्रह को तैयार करने, ईंधन भरने, चेक आउट तथा प्रमोचन प्रचालन की व्यवस्था है। इसके साथ-साथ केंद्र में भू-वातावरण के अध्ययन के लिए प्रयोग होने वाली परिज्ञापी रॉकेटों के प्रमोचन की सुविधाएँ भी हैं। पी.एस.एल.वी. अथवा जी.एस.एल.वी. के विभिन्न चरणों, उप-प्रणालियों और अंतरिक्ष यान को अलग-अलग बनी सुविधाओं में तैयार और जाँच करके प्रमोचन मंच में इनका समाकलन करने के लिए भेजा जाता है।

(i) प्रथम प्रमोचन मंच

प्रथम प्रमोचन मंच तथा उससे संबंधित सह-सुविधाओं को सन् 1990 के आरंभ में मूल रूप से पी.एस.एल. वी. के प्रमोचन की आवश्यकताओं की पूर्ति करने के लिए स्थापित किया गया था। इस मंच पर प्रमोचन यान के प्रत्येक चरणों को विभिन्न तैयार सुविधाओं से एक-एक कर लाकर प्रमोचन मंच पर ही उन्हें एक के ऊपर एक रखकर समाकलित किया जाता है। इस प्रकार

किए गए समाकलन को मंच पर समाकलन की अवधारणा के नाम से भी जाना जाता है।

अंतरिक्ष यान को अपने तैयार करने वाली सुविधा में पूरी तरह से जाँच करके और ईंधन से भरकर प्रमोचन मंच में लाकर प्रमोचन यान से जोड़ा जाता है। मोबाइल सेवा टावर को प्रमोचन के कुछ घंटे पहले ही प्रमोचन मंच से हटा लिया जाता है। यान में आवश्यक ईंधन (द्रव ऑक्सीजन एवं द्रव हाईड्रोजन, यू.एच. 25 एवं नाइट्रोजन ट्रेटॉक्साइड आदि) स्वचालित रूप में भरने की सुविधाएँ हैं। ईंधन के भंडारण, अंतरण एवं सर्विसिंग की सुविधाएँ भी उपलब्ध हैं। ईंधन की सर्विसिंग को प्रमोचन मंच से छह कि.मी. दूर स्थित प्रमोचन नियंत्रण केंद्र से नियंत्रित तथा उसका उचित देख रेख किया जाता है। प्रमोचन के कुछ घंटे पहले 3500 टन भार और 32 पहिया वाले सर्विस टावर को रेल की ट्रैक पर अपने पार्किंग स्थान पर धीरे धीरे हटा दिया जाता है। इसके बाद में सुदूर चेक-आउट एवं ईंधन भरने के बाद, अंतरिक्ष यान प्रक्षेपित किया जाता है। बाद में, इसे जी.एस.एल.वी. के प्रमोचन की आवश्यकताओं की पूर्ति करने के लिए भी अपनाया गया।

(ii) द्वितीय प्रमोचन मंच

सक्रिय पी.एस.एल.वी. तथा जी.एस.एल.वी. के प्रमोचन हेतु अतिरिक्त सुविधाओं को उपलब्ध कराने तथा त्वरित अगले प्रमोचन हेतु अतिरिक्त सुविधाओं को उपलब्ध कराने के लिए समय पर तैयार रहने की दृष्टि से एक और प्रमोचन मंच को केंद्र में अपनी सह-सुविधाओं सहित स्थापित किए जाने का प्रस्ताव रखा गया। इस प्रकार भविष्य में आने वाली माँग को दृष्टि में रखकर पी.एस.एल.वी., जी.एस.एल.वी. के साथ-साथ मार्क-III के प्रयोग में काम आने वाली अत्याधुनिक सुविधाओं से युक्त द्वितीय प्रमोचन परिसर की परिकल्पना की गई है। 83 मीटर ऊँचा, 40 मीटर चौड़ा और 32.5 मीटर लंबा यान समुच्चय भवन छः तह करने वाले प्लैटफार्म, एक स्वच्छ कक्ष तथा दो क्रेनों से सुसज्जित है। प्रमोचन मंच 70 मीटर ऊँचे नाभीय टावर और डिफ्लेक्टर से सुसज्जित है। इसकी तीन ऊर्ध्व भुजाएँ नाभीय टावर पर अंतरिक्ष यान तक आसानी से पहुँचने में मदद करती है। इस कॉम्प्लेक्स की विशेषता यह है कि यान को मोबाइल प्रमोचन के पेडस्टल पर ही यान समुच्यन भवन में जोड़ा जाता है, चेक आउट करके ऊर्ध्वाधर स्थिति में ही रेल ट्रैक से प्रमोचन मंच पर भेज दिया जाता है। इस प्रमोचन परिसर में सुदूर द्रव नोदक को भरने, नियंत्रण और देख-रेख करने के लिए आवश्यक सुविधाएँ हैं।

भू-भंडारण क्रायोजनिक प्रणोदकों के लिए प्रणोदक तथा गैस भंडारण और अंतरण की सुविधाएँ हैं।

यान समुच्चयन सुविधा, चलायमान प्रमोचन मंच, नाभीय टॉवर, जेट विक्षेपक वाहिनी, द्रव नोदक एवं गैस भंडारण सुविधाएँ, प्रमोचन यान एवं उपग्रह परीक्षण सुविधाएँ द्वितीय प्रमोचन स्थल के मुख्य अंग हैं।

प्रमोचन यान के विभिन्न चरण एक-एक करके 83 मी. ऊँची यान समुच्चयन सुविधा में एकीकृत किए जाते हैं। यान समुच्चयन सुविधा प्रमोचन यान एवं समाकलन करने वाले वैज्ञानिकों एवं टेक्नीशियन को धूप एवं बारिश जैसे मौसम से बचाकर नियंत्रित वातावरण प्रदान करती है। इस सुविधा में काम करने वालों को विभिन्न ऊँचाइयों में काम करने के लिए एक विशेष प्रकार का मंच, जिसे मोड़कर ऊपर से नीचे लाया जा सकता है, उसका प्रयोग किया जाता है। वैज्ञानिकों एवं टेक्नीशियनों द्वारा प्रमोचन यान के सभी चरणों को चलायमान प्रमोचन मंच के ऊपर, एक के ऊपर एक रखकर समाकलित किया जाता है। जी.एस.एल.वी. में उपग्रह जो कि ऊष्मा-कवच के साथ समाकलित होता है, उसे तृतीय चरण के ऊपर एकीकृत करते हैं।

संपूर्ण प्रमोचन यान की जाँच व परीक्षण करने के बाद प्रमोचन के चार दिन पूर्व इस रॉकेट को चलायमान प्रमोचन मंच के ऊपर वी.ए.बी से प्रमोचन स्थल तक ले जाते हैं वाहन समुच्चयन सुविधा के प्रमोचन स्थल की ओर के सभी द्वारों को पूर्णतया खोल कर प्रमोचन यान जो कि पूर्णतया चलायमान प्रमोचन मंच (एम.एल.पी.) पर है, गंतव्य की ओर बिना बाधा के धीर-धीरे अग्रसर होता है। प्रमोचन स्थल को वाहन समुच्चयन सुविधा से जोड़ने वाली रेल पथ की लंबाई लगभग 1 कि.मी. है। चलायमान प्रमोचन मंच पर प्रमोचन यान को रखने के लिए आधार कोष्ठक, द्रव एवं गैस की पाइप एवं अग्नि-शमन प्रणाली से समाकलित किया जाता है। प्रमोचन मंच के आसपास का स्थल जो कि रॉकेट से निकलने वाली गैसों के संपर्क में आ सकता हैं उन स्थानों को उच्च ताप ग्रह स्तर के द्वारा ताप से रक्षण प्रदान किया जाता है।

नाभीय टावर जिसकी ऊँचाई 70 मीटर है, प्रमोचन यान से अनुकूलतम दूरी पर है। इस नाभीय टावर में द्रव एवं गैस के सर्किट तथा उपकरणों को रखने एवं उपयोग करने के लिए 19 मंजिले हैं। इस नाभीय टावर से प्रमोचन यान पर कार्य करने के लिए 3 प्लेटफार्म सेट हैं, जिन्हें बाहर की तरफ खोलकर ऊपर-नीचे कर सकते हैं। प्रमोचन मंच पर रखे रॉकेट को तड़ित विसर्जन से बचाने के लिए 120 मीटर ऊँचे टावरों की सहायता

से सुरक्षित रखा जाता है। इन टावरों को एक विशेष प्रकार के तड़ित चालकों से जोड़ा गया है।

रॉकेट प्रज्वलित होने के बाद रॉकेट से निकलने वाली गैस को प्रमोचन यान एवं मंच से दूर रखने के लिए एक विशेष प्रकार की प्रक्रिया के द्वारा निष्कासित गैसों से उत्पन्न ध्वनि का स्तर कम किया जाता है।

नाभीय टावर के अर्द्ध गोलाकार परिधि में द्रव नोदक, निम्न ताप पर द्रव नोदक और उच्च दाब की गैसों के संचयन के लिए अलग-अलग सुविधाएँ हैं। इन सभी सुविधाओं में संरक्षा के सभी मानकों का पालन किया गया है। उल्टी गिनती के दौरान द्रव नोदकों को उनके अपने-अपने रॉकेट के चरणों में भरा जाता है। उल्टी गिनती के अंत में जी.एस.एल.वी. प्रज्वलित होता है, और उड़ान भरता हुआ अपने गंतव्य मार्ग पर प्रशस्त होता है।

द्वितीय प्रमोचन मंच यान समाकलन, स्थानांतरण व प्रमोचन के सिद्धांत पर आधारित है। इसका उपयोग पी.एस.एल.वी., जी.एस.एल.वी. और एल.वी.एम. 3 के प्रमोचन हेतु किया जाता है। इस प्रमोचन मंच की मुख्य उपलब्ध इकाइयाँ निम्नलिखित हैं—

1. ठोस चरण संयोजन भवन (एस.एस.ए.बी.)
2. यान संयोजन भवन (वी.ए.बी.)
3. नाभीय टावर (यू.टी.)

1. सॉलिड स्टेज असेंबली बिल्डिंग (एस.एस.ए.बी.)

इसका निर्माण सन् 2008 में पूरा हुआ। एस.एस.ए.बी. 55 मीटर लंबी, 40 मीटर चौड़ी तथा 56 मी. ऊँची कंक्रीट से निर्मित इमारत है, जिसका इस्तेमाल एल.वी.एम. 3 के प्रथम चरण के संयोजन के लिए किया जाता है। एल.वी.एम. 3 के प्रथम चरण में दो एस-200 तथा द्वितीय चरण में एक एल-110 का संयोजन किया जाता है।

इसके अलावा, इस इमारत में यान/ चरणों का संयोजन निम्नलिखित कार्यों के लिए भी किया जाता है—

1. एस-200 के स्थैतिक परीक्षण हेतु
2. ग्राउंड रेसोनेंस परीक्षण हेतु
3. फ्लैक्स नोजल नियंत्रण परीक्षण हेतु

अभी तक इस इकाई का उपयोग एस-200 के तीन सफल परीक्षणों तथा एक मार्क-3एक्स मिशन के लिए किया जा चुका है। साथ ही, एल.वी.एम. 3 के ग्राउंड रेसोनेंस परीक्षण तथा फ्लैक्स नोजल नियंत्रण परीक्षण हेतु यह इकाई संयोजन हेतु उपयोग की जा चुकी है। इस इमारत में निम्नलिखित प्रणालियाँ उपलब्ध हैं।

1. 400/60 टन क्षमता वाली इलेक्ट्रिक ओवरहेड ट्रेवलिंग क्रेन (ई.ओ.टी.)
2. एस-200 नोजल असेंबली टावर (एन.ए.टी.)—1
3. एस-200 सेगमेंट असेंबली टावर (एस.ए.टी)—2

4. एस-200 मोटर टिल्टिंग फिक्सचर—1
5. एस-200 सेगमेंट वर्टिकल हैंडलिंग टैकेल—1
6. एस-200 मोटर लिफ्टिंग कम टिल्टिंग टैकल—1
7. फोल्डिंग कम वर्टिकली रीपोजिस्नेबल प्लेटफॉर्म (एफ.सी.वी.आर.पी)-3 युग्म
8. होरिजोंटल स्लाइडिंग डोर (4 युग्म अग्रभाग में तथा 1 पश्चभाग में)
9. मोबाइल लांच पेडेस्टल (एम.एल.पी.)

अग्रलिखित परिच्छेदों में इन सभी निकायों का संक्षिप्त विवरण दिया गया है।

1. **400/60 टन क्षमता वाली ई.ओ.टी. क्रेन :** इस क्रेन का उपयोग प्रथम चरण के संयोजन हेतु किया जाता है। इसके मुख्य हुक (काँटे) की क्षमता 400 टन तथा सहायक हुक (काँटे) की क्षमता 60 टन है। यह क्रेन वी.वी.वी.एफ. ड्राइव पर आधारित है। इस इकाई की चरण प्रणालियों की सुरक्षा के लिए इसमें द्वि (Dual) वायर रोप (रस्सी) का उपयोग किया गया है। एक रस्सी के विफल होने की स्थिति में दूसरी रस्सी पूर्ण वजन का वहन करने में सक्षम है। इसकी चौड़ाई 32 मीटर है तथा यह विभिन्न प्रणालियों को 45 मीटर ऊँचाई तक उठाने में सक्षम है।

2. **नोजल असेंबली टावर (एन.ए.टी.) :** इस टावर का उपयोग एस-200 के नोजल एंड सेगमेंट में नोजल के संयोजन हेतु किया जाता है। इस टावर में विभिन्न ऊँचाइयों पर पहुँच के लिए प्लेटफार्म प्रदान किए गए हैं।
3. **सेगमेंट असेंबली टावर (एस.ए.टी.) :** इस एस एस ए बी में दो सेगमेंट असेंबली टावर उपलब्ध हैं, जिनका उपयोग एस-200 के विभिन्न खंडों के संयोजन हेतु किया जाता है। दोनों टावरों

को समांतर रूप से दो एस-200 मोटरों के संयोजन के लिए उपयोग किया जा सकता है। इन टावरों में विभिन्न ऊँचाइयों पर पहुँचने के लिए कई प्लेटफार्म प्रदान किए गए हैं।

4. **एस-200 टिल्टिंग फिक्सचर :** इस फिक्सचर का उपयोग ऊर्ध्वाधर एस-200 को क्रेन की सहायता से क्षैतिज करने के लिए किया जाता है। क्षैतिज एस-200 को स्थैतिक परीक्षण के लिए परीक्षण भवन में भेजा जाता है।

5. **सेगमेंट वर्टिकल हैंडलिंग टैकल :** इसका उपयोग एस-200 के विभिन्न खंडों को एस.ए.टी. पर क्रेन की सहायता से स्थानांतरित करने में किया जाता है।

6. **फोल्डिंग कम वर्टिकली रीपोजीश्नेबल प्लेटफार्म (एफ.सी.वी.आर.पी.) :** एस.एस.ए.बी. में छः एफ.सी.वी.आर.पी. उपलब्ध हैं, जिनका उपयोग एस-200 तथा एल-110 संयोजन से संबंधित कार्यों के लिए किया जाता है। प्रत्येक प्लेटफार्म का

भार 20 टन है। इनमें सुरक्षा के लिए अपरिवर्ती गियर बॉक्स, अतिरिक्त ब्रेक, लोड सैल, सुरक्षा जंजीरें इत्यादि प्रदान की गई हैं।

7. **एस-200 मोटर लिफ्टिंग कम टिल्टिंग टैकेल :** इसका उपयोग पूर्णतया संयोजित एस-200 को उठाने तथा एम.एल.पी/ टिल्टिंग फिक्सचर पर स्थानांतरित करने के लिए किया जाता है।

8. **हॉरीजोंटल स्लाइडिंग डोर :** विभिन्न उपतंत्रों के संयोजन हेतु इमारत के अंदर लाने के लिए एस.एस.ए.बी. के पश्च भाग में उपलब्ध एच.एस.डी. का उपयोग किया जाता है। एच.एस.डी. मोटर के द्वारा चालित है। अग्रभाग में उपस्थित एच.एस.डी., एल.वी.एम.3 के प्रथम चरण का वी.ए.बी. में भेजने के समय उपयोग किया जाता है। इनमें सुरक्षा की दृष्टि से अपरिवर्ती गियर बॉक्स, फ्लुइड कपलिंग तथा लिमिट स्विच प्रदान किए गए हैं।

9. **मोबाइल लांच पेडेस्टल (एम.एल.पी.) :** इसका उपयोग पूर्ण समाकलित/आंशिक समाकलित एल.वी.एम 3 यान को एस.एस.ए.बी. से वी.ए.बी. तथा वी.ए.बी. से यू.टी. तक स्थानांतरण हेतु किया जाता है। इसकी लंबाई तथा चौड़ाई लगभग 20 मी. व ऊँचाई लगभग 9 मी. है। इसका भार 850 टन है। इस पर एल.वी.एम. 3 यान के दो एस-200 को समायोजित करने हेतु दो स्ट्रैप ऑन सपोर्ट रिंग (एस.एस.आर.) उपलब्ध हैं।

एक रिंग में रैखिक दिशा में तथा दूसरी रिंग में पार्श्विक दिशा में सामंजस्य अंतराल प्रदान किया गया है, जिससे दोनों एस-200 को एल-110 के साथ एकीकृत करने में सहायता मिलती है। एम.एल.पी. के ऊपरी तल पर अग्निरोधक सीमेंट का इस्तेमाल किया गया है। दोनों एस.एस.आर. की तापमान सुरक्षा के लिए उनके ऊपर अतिरिक्त धात्विक रिंग प्रदान की गई है।

2. वेहीकल असैंबली बिल्डिंग (वी.ए.बी.):

पी.एस.एल.वी./जी.एस.एल.वी. मॉक–II/एल.वी.एम–3 प्राथमिक रूप से वी.ए.बी. का इस्तेमाल विभिन्न प्रमोचन यानों के समाकलन तथा चेकआउट गतिविधियों के लिए किया जाता है। इस इमारत का निर्माण सन 2005 में किया गया था। वर्तमान समय तक इस भवन का उपयोग पी.एस.एल.वी. तथा जी.एस.एल.वी. मॉक–II के कई सफल समाकलन हेतु किया जा चुका है :

इस भवन में उपलब्ध विभिन्न प्रणालियाँ निम्न हैं :

1. 200/30 टन क्षमता वाली ई.ओ.टी. क्रेन
2. फोल्डिंग कम वर्टिकली रीपोजीश्नेबल प्लेटफॉर्म (6 युग्म)
3. हॉरीजोंटल स्लाइडिंग डोर (10 युग्म), 6 युग्म अग्रभाग तथा 4 युग्म पश्च भाग में।
4. बोगी प्रणाली
5. दो मोबाइल लांच पेडेस्टल

वी.ए.बी. में उपलब्ध ई.ओ.टी. क्रेन, एफ.सी.वी.आर.पी. तथा एच.एस.डी. की विशेषताएँ एस.एस.ए.बी. के समतुल्य है। इनके अलावा, वी.ए.बी. में उपलब्ध अन्य प्रणालियों का विवरण नीचे दिया गया है।

3. बोगी प्रणाली

एम.एल.पी. बोगी प्रणाली स्टील से निर्मित एक संरचना है, जिसके चारों कोनों पर 4 पहियों से निर्मित एक बोगी का संयोजन किया गया है। इसका स्वंय का भार 200 टन है। इसकी स्थैतिक भार वहन क्षमता 2400 टन तथा गतिक भार वहन क्षमता 1700 टन है। इसका उपयोग द्वितीय प्रमोचन मंच पर उपलब्ध तीनों एम.एल.पी. को एक स्थान से दूसरे स्थान पर स्थानांतरित करने के लिए किया जाता है। इसकी मुख्य प्रणालियाँ निम्नलिखित हैं—

1. **हाइड्रॉलिक ट्रेक्शन प्रणाली :** इसका उपयोग बोगी प्रणाली को एम.एल.पी. के साथ तथा प्रमोचन यान के बगैर/ प्रमोचन यान के साथ अधिकतम 20 मी. प्रति मिनट के वेग से एक स्थान से दूसरे स्थान पर ले जाने हेतु किया जाता है।
2. **हाइड्रॉलिक जैकिंग प्रणाली :** इस प्रणाली में दो प्रकार के हाइड्रॉलिक जैक उपलब्ध हैं।

   (अ) 600 टन क्षमता के 4 जैक, जिनका उपयोग एम.एल.पी. की एंकरिंग/ डी-एंकरिंग हेतु होता है।

(ब) 50 टन क्षमता के 8 जैक, जिनका उपयोग एम.एल.पी. को लंबवत दिशा में घुमाने के लिए किया जाता है।

3. **हाइड्रॉलिक एक्चुएटर प्रणाली :** बोगी प्रणाली में 4 हाइड्रॉलिक एक्चुएटर (चारों कोनों में एक) उपलब्ध है, जो बोगी को क्रॉस ट्रैक पर 90° घुमाने के लिए उपयोग में लाए जाते हैं।
4. **380 किलोवाट क्षमता वाला डीजल जनित्र :** यह जनित्र बोगी की समस्त प्रणालियों को गतिक अवस्था में वैद्युत शक्ति प्रदान करता है।

4. मोबाइल लांच पेडेस्टल (MLP) संरचना

वी.ए.बी. में पी.एस.एल.वी. तथा जी.एस.एल.वी. मॉक-II के समाकलन हेतु दो मोबाइल प्रमोचन पेडेस्टल उपलब्ध हैं। प्रत्येक एम.एल.पी. वैकल्पिक तौर से पी.एस.एल.वी. तथा जी.एस.एल.वी. दोनों के लिए प्रयोग में लाए जा सकते हैं। ये एम.एल.वी., एल.वी.एम-3 के एम.एल.वी. से अलग हैं। इनका भार 600 टन है तथा एस.एस.आर. की जगह सेंट्रल एनुलर स्ट्रक्चर (सी.ए.एस.) प्रदान किया गया है। सी.ए.एस. की उच्च तापमान से रक्षा के लिए इसके ऊपर अग्नि रक्षण रसायन लगाए जाते हैं।

5. यू.टी. (अम्बिलिकल टावर)

प्रमोचन से संबंधित यू.टी. की निम्न प्रणालियाँ उपयोग में लाई जाती हैं।

1. एस.सी.वी.आर.पी.
2. अम्बिलिकल रीट्रेक्शन इकाई
3. वेहीकल कूलिंग सिस्टम

6. ठोस मोटर की योग्यता एवं पर्यावरणीय परीक्षण सुविधाएँ (SMP 3 ETF)—

(i) रॉकेट मोटरों तथा अन्य उप-प्रणालियों की परीक्षण सुविधाएँ—

उड़ान के लिए सक्षम घोषित करने से पहले रॉकेट मोटरों तथा उनकी उप-प्रणालियों का उचित रूप से परीक्षण तथा मूल्यांकन किया जाता है। स्थैतिक स्थितियों के अधीन रॉकेट मोटरों के विभिन्न पैरामीटरों, जैसे—प्रणोद दाब, कवच का तापमान, दबाव इत्यादि का भूमि पर मूल्यांकन किया जाता है। सतीश धवन

अंतरिक्ष केंद्र, शार में ठोस रॉकेट मोटरों का दोनों स्थितियों, जैसे परिवेश एवं उच्च तुंगता अनुकरण स्थितियों में परीक्षण किया जाता है। यहाँ पर रॉकेट मोटरों के वातावरणीय परीक्षण के लिए तथा उनके उप-प्रणालियों में कंपन प्रघात, अपरिवर्ती त्वरण और तापीय आर्द्रता इत्यादि का परीक्षण करने के लिए सुविधाएँ भी मौजूद हैं। इसरो के बृहत् ठोस प्रणोदक बूस्टर एस 200 मोटर की स्थैतिक जाँच यहीं पर की गई थी।

(ii) कंपन परीक्षण सुविधा—

कोई वस्तु यदि अपनी साम्यावस्था के आगे पीछे गतिमान होती है तो उसे कंपन कहा जाता है। उदाहरण के लिए, यदि स्प्रिंग का एक छोर स्थिर हो और उसे दबाकर छोड़ दिया जाए, तो स्प्रिंग अपनी प्रारंभिक स्थिति से ऊपर व नीचे हिलती है। हमारी रोजमर्रा की जिंदगी में कंपन के द्वारा बहुत से लाभ या नुकसान हैं।

यांत्रिक संरचना, पाइपलाइन, इलेक्ट्रॉनिक पैकेज, अग्निक युक्ति आदि, जो कि रॉकेट घटक हैं, इन सबको प्रमोचन के समय और उड़ान काल में कठोर कंपन का सामना करना पड़ता है। इन कंपनों के कारण रॉकेट और उपग्रह की सभी प्रणाली सुचारु रूप से कार्य करें, इसके लिए इन सब प्रणालियों का कंपन परीक्षण सुविधा में जांच करके प्रमाणित किया जाता है। इसकी विशेषता यह है कि यहाँ पर विस्फोट वाले

नमूने भी टेस्ट कर सकते हैं। विस्फोटकों और उच्च दाब वाले नमूनों को टेस्ट करने के लिए, इसे दूरस्थ स्थल से संचालित करते हैं, जिसके कुछ नमूने निम्न हैं—

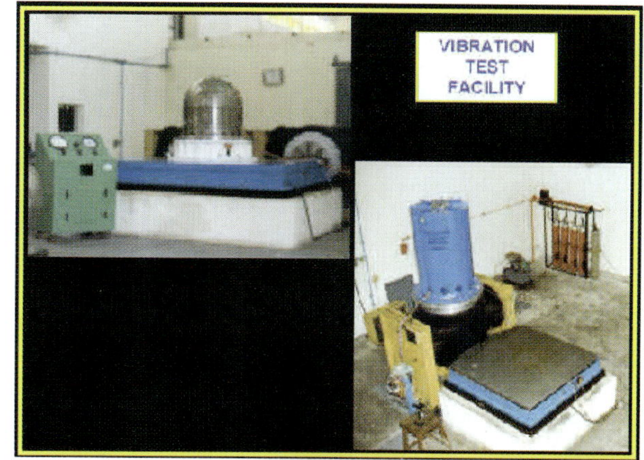

- ठोस नोदक रॉकेट मोटर—विभिन्न आकारों के
- इग्नाइटर
- परिनियोजित तंत्र प्रणाली
- अंतर चरण
- पाइरो सर्किट
- विद्युतीय तंत्र प्रणाली
- विनाश तंत्र प्रणाली
- उपग्रह के नोदक टैंक
- ऊष्मा कवच
- उपकरण बे संवेदनशील इलेक्ट्रॉन पैकेज के साथ।

तापीय आर्द्रता परीक्षण

तृतीय चरण मोटर की उच्च ऊँचाई परीक्षण

ठोस बूस्टर मोटरों का स्थैतिक परीक्षण

(iii) अपकेंद्रीय परीक्षण सुविधा—

प्रमोचन यान को किसी भी अभियान को पूर्ण करने के लिए, उड़ान आरोही काल के दौरान युक्ति संसाधन के लिए जड़त्वीय/त्वरण बल का सामना करना पड़ता है। रॉकेट के साथ-साथ इसमें रखे हुए तमाम यंत्र-तंत्र, अवयव, अंतरिक्ष यात्रियों को भी त्वरण बल का आभास, अक्ष-नमन और लोटन अक्ष में होता है। इन सभी त्वरित बलों को स्थैतिक स्थिति में जाँच करके, रॉकेट के प्रमोचन में उपयोग होने वाले विभिन्न तंत्र एवं प्रणाली पर त्वरण बल के द्वारा प्रमाणित करते हैं। अपकेंद्रीय सुविधा की भुजा के एक नियमित आवर्तन के द्वारा एक अपेक्षित त्वरण उत्पन्न किया जाता है, उस त्वरण से रॉकेट के विभिन्न अवयवों या प्रणाली के संबंधित भागों को प्रमाणित किया जाता है।

यह सुविधा एस.डी.एस.सी., शार में स्थापित करने का उद्देश्य यह था कि रॉकेट एवं उसकी विभिन्न प्रणाली को टेस्ट किया जा सके।

7. द्रव नोदक भंडारण एवं सेवा सुविधाएँ (LSSF)

द्रव नोदक परिसर

ईंधन और ऑक्सीकारक के रूप में क्रमश: UH25 और N2O4 का उपयोग कर तरल प्रणोदन प्रणाली को जी.एस.एल.वी. और पी.एस.एल.वी. के दूसरे चरण में इस्तेमाल किया जाता है।

जी.एस.एल.वी. के चार द्रव स्ट्रैपऑन भी यही प्रणोदक उपयोग करते हैं। हालाँकि पी.एस.एल.वी. के चौथे चरण में MMH और MON का उपयोग किया जाता है। प्रमोचन के अंतिम चरण के दौरान इन द्रव चरणों की सर्विसिंग के लिए पूरी तरह से समर्पित द्रव नोदक के भंडारण और हस्तांतरण की सुविधाओं को प्रमोचन मंच के पास ही स्थापित किया गया है। इसके अंतर्गत महत्वपूर्ण सुविधाएँ निम्नवत हैं—

- द्रव नोदक भंडारण और हस्तांतरण प्रणाली
- नाइट्रोजन भंडारण और आपूर्ति प्रणाली
- हीलियम भंडारण और चार्जिंग सुविधा
- इंस्ट्रूमेंटेशन और नियंत्रण प्रणाली
- अन्य समर्थन प्रणाली

8. क्रायो प्रणाली

जी.एस.एल.वी. के तीसरे चरण (सी–12) के लिए क्रायो प्रणोदन प्रौद्योगिकी का उपयोग किया जाता है। इसमें ईंधन और ऑक्सीकारक के रूप में क्रमश: द्रव हाइड्रोजन (एल.एच2 'LH2') और द्रव ऑक्सीजन (लोक्स 'LOX') का उपयोग करते हैं। इस चरण की सर्विसिंग के लिए, क्रायो प्रणोदक भंडारण सुविधाओं

और प्रणोदक हस्तांतरण प्रणाली को प्रक्षेपण परिसर में ही स्थापित किया गया है। जैसा कि एल.एच2 और एल.ओ.एक्स. के क्वथनांक (boiling points) क्रमशः '–182 डिग्री सेंटीग्रेड' और '–252 डिग्री सेंटीग्रेड' बहुत ही कम हैं, इसलिए इन प्रणोदक की हैंडलिंग के लिए अति आवरणयुक्त (super insulated) भंडारण टैंक और पाइप लाइनों का उपयोग किया जाता है। इसके अलावा, इन चरणों और भूस्थित प्रणालियों को नाइट्रोजन, हीलियम और संपीड़ित हवा (compresed air) आदि सेवा के द्रव पदार्थ की आवश्यकता थर्मल कंडीशनिंग, वाल्व नियंत्रण और प्रणाली के शुद्धिकरण करने के लिए होती है। इस प्रणाली के प्रमुख घटक निम्नलिखित हैं—

- एल.एच2 को भरने की प्रणाली
- लाक्स भरने की प्रणाली
- नाइट्रोजन की आपूर्ति प्रणाली
- संकुचित गैस की आपूर्ति प्रणाली
- हीलियम की आपूर्ति प्रणाली
- द्रव नोदक भरने के लिए नियंत्रण प्रणाली

9. रेंज प्रचालन (Range Operations)

रेंज प्रचालन सुनिश्चित करता है कि प्रमोचन प्रचालन का समर्थन करने के लिए सभी अनुवर्तन, दूरमिति, दूरादेश संचार और वास्तविक काल प्रणालियाँ पूरी तरह से तैयार हैं। साथ ही साथ, यह भी सुनिश्चित करता है कि अधोपरास (downrange) भू-क्षेत्र और जलावतरण (splashdown) क्षेत्र प्रमोचन के लिए पूरी तरह से साफ और सुरक्षित है। यह प्रमोचन परिसर के पास मौसम पर भी नजर रखता है।

रेंज प्रचालन मिशन के लिए सहायक प्रमोचन कार्यक्रमों की स्थिति पर नजर रखता है। यह भू-स्टेशनों के विन्यास, प्रमोचन मंच पर उपलब्ध समाकलन की तैयारी संबंधी उप सुविधाओं, प्रमोचन परिसर की सुविधाओं, रेंज सुरक्षा योजनाओं की सुविधाओं एवं भू-स्थित प्रचालन का विवरण देता है।

रेंज प्रचालन की मूलभूत जिम्मेदारियाँ—

प्रमोचन यान की खोज करना और वास्तविक काल आँकड़ा प्रदान करना। उड़ान सुरक्षा सुनिश्चित करने के लिए मिशन का विश्लेषण करना और वास्तविक काल में यान की सूचना तैयार करना। लगातार होने वाले रेंज सुरक्षा कार्यक्रमों और नित्य प्रयोग के माध्यम से रेंज सुरक्षा को सुनिश्चित करना। अंतरिक्ष यान में रखे जाने से पूर्व भारतीय और विदेशी उपग्रहों की तैयारी के लिए अत्याधुनिक सुविधाएँ प्रदान करना। मिशन नियंत्रण केंद्र में वास्तविक काल आँकड़ा मानीटरन (Real Time Data Monitoring) के माध्यम से प्रमोचन प्रचालन के नियंत्रण के लिए केंद्र बिंदु होना। वर्ष भर के मौसम पर स्थायी दृष्टि रखना, प्रमोचन के लिए मौसम संबंधी क्लियरेंसेस (Clearances) प्रदान करना और मौसम का विश्लेषण करना। प्रमोचन के लिए कालन (Timing), सी.सी.टी.वी. (CCTV), संचार (Communication), दूरादेश (Telecommands) और तकनीकी फोटोग्राफी की सहायता प्रदान करना। प्रमोचन अभियान की गतिविधियों को समन्वित करना और कार्यक्रम प्रबंधन अभ्यास की क्रियाविधि के माध्यम से सभी (बड़े एवं छोटे) प्रमोचन (पी.एस.एल.वी., जी.एस.एल.वी. और लग रॉकेट) के लिए सहायता प्रदान करना।

रेंज प्रचालन के अंतर्गत रेंज यंत्रीकरण प्रणालियाँ (RIS), वास्तविक काल प्रणालियाँ (RTS), रेंज सुरक्षा (RS), शार कंप्यूटर सुविधा (SCOF), मिशन नियंत्रण केंद्र (MCC), मौसम विज्ञान की सुविधाएँ (MET), कंप्यूटर एवं संचार केंद्र (CCC) आदि मुख्य सुविधाएँ हैं। विभिन्न सुविधाएँ, जैसे मास्टर सी.सी. टी.वी. नियंत्रण केंद्र, संचार नियंत्रण केंद्र, मिशन कंप्यूटर, एस.डी.एस., आर.एस.ओ. और मौसम विभाग को सी.सी.सी. में सुसज्जित किया गया है।

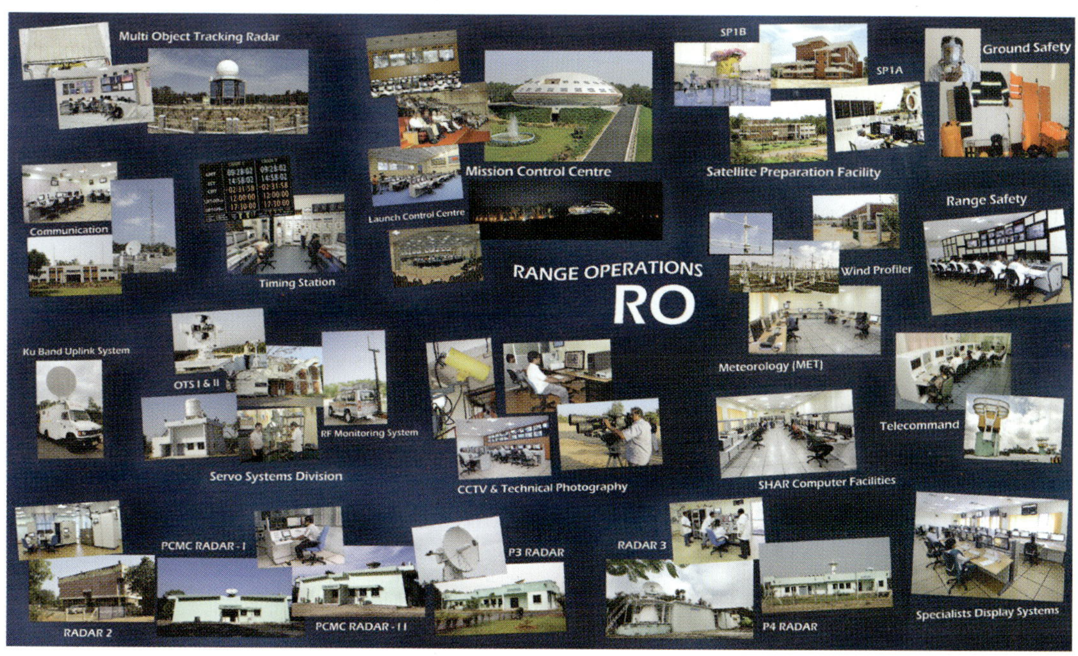

(9.1) रेंज यंत्रीकरण प्रणालियाँ (Range Instrumentation Systems)

रेंज यंत्रीकरण प्रणालियाँ सतीश धवन अंतरिक्ष केंद्र की रेंज प्रचालन इकाई के तहत महत्वपूर्ण विभागों में से एक है। आर.आई.एस. सभी रॉकेट प्रमोचन के दौरान इलेक्ट्रॉनिक उपकरणों की गतिविधियों के लिए उत्तरदायी है। आर.आई.एस. में अनुवर्तन प्रणाली, दूरादेश प्रणाली, इलेक्ट्रॉनिक इंटरफेसिंग प्रणालियाँ, सर्वो प्रणाली आदि शामिल हैं।

चित्र : सी बैंड ऐंटेना का दृश्य

उड़ान के दौरान, **अनुवर्तन प्रणालियाँ (Tracking Systems)** लगातार यान की खोज करती हैं और वास्तविक काल के आधार पर रेंज को प्रक्षेपवक्र की जानकारी देती हैं। इसके साथ-साथ मिशन के लिए मार्गदर्शन मार्जिन तय करने हेतु 'प्रमोचन के दिन हवा का पूर्वाग्रह' की जानकारी भी प्रदान करता है। अनुवर्तन निम्नलिखित माध्यम से किया जाता है—

- पी1, पी2, पी3 और आर2 नामक चार सी-बैंड रडारों के द्वारा
- आर3 और पी4 नामक दो एस-बैंड रडार
- बहुउद्देश्यीय अनुवर्तन रडार (Mllti object Tracking Radars)

सी-बैंड रडार, उच्च परिशुद्धता मोनो पल्स अनुवर्तन रडार है, जो ट्रांसपोंडर अंदाज (Mode) में लंबी दूरी का अनुवर्तन प्रदान करता है। एस-बैंड रडार 'स्किन अंदाज' में यान की खोज करता है।

बहुउद्देश्यीय अनुवर्तन रडार, क्रमबद्ध सरणी प्रौद्योगिकी (Phased Array Technology) के माध्यम से एक साथ कई वस्तुओं को ट्रैक करता है।

चित्र : मिशन नियंत्रण केंद्र का बाहरी दृश्य

दूरादेश (Telecommand) स्टेशन मुख्य रूप से लग रॉकेट, पी.एस.एल.वी. और जी.एस.एल.वी. मिशनों के दूरादेश से संबंधित आवश्यकताओं को पूरा करता है। चार दूरादेश स्टेशनों में से तीन स्टेशन (टी.सी-1, टी.सी-2 और टी.सी-3) एस.डी.एस.सी., शार केंद्र में और चौथा स्टेशन (टी.सी-4) पोर्ट ब्लेयर में स्थित है। यह दक्षिणी और पूर्वी प्रमोचन के लिए सभी प्रमोचन आवश्यकताओं को पूरा करता है।

प्रकाशिक अनुवर्तन प्रणाली (Optical Tracking System) यान को प्रकाशीय तरीके से खोजती है। इसमें टी.वी. खोजी इकाई, अवरक्त कैमरा युक्त विभिन्न टी.वी. और फोटोग्राफी कैमरे शामिल हैं। ओ.टी.एस-1 और ओ.टी.एस-2 नामक दो प्रकाशिक अनुवर्तन स्टेशन (ओ.टी.एस.), ए.एस.एल.वी. परिसर में स्थित हैं।

मिशन नियंत्रण केंद्र (Mission Control Centre) प्रमोचन यान, उपग्रह और रेंज प्रणाली के वास्तविक काल मानीटरन और प्रमोचन प्रचालन के नियंत्रण का केंद्र है।

मिशन नियंत्रण केंद्र में किसी भी उपग्रह प्रमोचन यान के प्रमोचन में होने वाली उल्टी गिनती के समय प्रभावी निर्णय लेने में वास्तविक समय प्रणाली एक अहम् भूमिका निभाती है।

मिशन नियंत्रण केंद्र की प्रमुख उपप्रणालियाँ निम्नलिखित हैं—

- आँकड़ा प्रसंस्करण प्रणाली
- आँकड़ा अभिग्रहण और संचारण के लिए पूर्ण व्यतिरिक्ति वास्तविक काल प्रणाली-जाल
- अभियान विशेषज्ञों को आँकड़ों की स्थिति पर नजर रखने के लिए प्रदर्शन प्रणाली तथा ऑडियो और वीडिओ सुविधाओं के लिए कंसोल
- प्रक्षेपण वीडिओ और प्रक्षेपण पथ की जानकारी को प्रदर्शित करने के लिए दीवार पर लगी चौड़ी प्रोजेक्टर स्क्रीन
- प्रक्षेपण के समय होने वाली उल्टी गिनती को रोकने और फिर से शुरू करने की प्रणाली
- इलेक्ट्रॉनिक अंतरापृष्ठीय प्रणालियाँ, जैसे समय सूचना प्रणाली, सी.सी.टी.वी. प्रणाली, संचार प्रणाली और आँकड़ा लिंक्स इत्यादि

मिशन निदेशक की अनुमति प्रदान करने के बाद फिर प्रमोचन यान निदेशक स्वचालित प्रक्षेपण क्रम प्रोग्राम को शुरू करने के लिए अपनी अनुमति प्रदान करते हैं। स्वचालित प्रक्षेपण क्रम के दौरान कुछ मुख्य प्रक्रियाओं के शुरू होने और पूरे होने की स्थिति को मिशन नियंत्रण केंद्र में प्रदर्शित किया जाता है।

चित्र : मिशन नियंत्रण केंद्र का आंतरिक दृश्य

यदि प्रमोचन से संबंधित कोई समस्या आती है, तो मिशन नियंत्रण केंद्र में लगी हुई उल्टी गिनती वाले समय को रोकने और फिर से शुरू करने वाली प्रणाली द्वारा उल्टी गिनती प्रक्रियाओं को रोका जाता है। जब कालन स्टेशन ऐसी स्थिति में होता है कि जिसमें समय को बाहरी तरीके से रोका जा सके, तब उल्टी गिनती प्रक्रियाओं के आखिरी चरण में उल्टी गिनती समय को कुछ मनोनीत अभियान विशेषज्ञों

द्वारा ही रोका जा सकता है और उल्टी गिनती वाले समय को मिशन निदेशक के आदेशानुसार ही फिर से शुरू किया जा सकता है।

सी.सी.टी.वी. प्रणाली मुख्यतया एकीकरण, जाँच, प्रणोदक भरण और प्रमोचन प्रचालन की 'वीडियो रिकॉर्डिंग' करता है। प्रमोचन परिसर और नियंत्रण केंद्र की महत्वपूर्ण गतिविधियों और प्रमोचन प्रचालन के सभी चरणों की वीडियो रिकॉर्डिंग की जाती है। कैमरा, वीडियो स्विचर्स और वी.सी.आर. का प्रचालन फाइबर ऑप्टिक लिंक के द्वारा दूर से किया जाता है।

संचार और केबिल लिंक्स (Communications & Cable Links) के अंतर्गत रेंज मुख्यतया एच.एफ., वी.एच.एफ., रेडियो ट्रंकिंग और अंतः संचार के माध्यम से संचार प्रदान करता है। इनका उपयोग विभिन्न स्थानों के बीच, मोबाइल से मोबाइल के बीच और मोबाइल से भूमि के बीच सुरक्षित संचार प्रदान करने के लिए और प्रमोचन से पहले वायु और समुद्र से क्लियरेंसेस प्राप्त करने के लिए किया जाता है।

समर्पित डेटा ग्रेड ताँबे के तार, यान परीक्षण प्रणाली के लिए केबल लिंक्स प्रदान करता है।

कालन (Timing) स्टेशन, जीपीएस समय के समकालिक 10 माइक्रो सेकेंड की शुद्धता के अंतर्गत समय प्रदान करता है। यहाँ सभी परिचालन संबंधित स्टेशनों पर 'समय कोड' पठित्र और प्रदर्शपट उपलब्ध हैं। कालन, उल्टी गिनती समय, सार्वत्रिक समय और भारतीय मानक समय को बताता है। दो समर्पित इथरनेट नेटवर्क और दो कालन सर्वर के साथ समय का वितरण तीन कालन शृंखला के माध्यम से किया जाता है।

उपग्रह को तैयार करने की सुविधा (SP1-A, SP1-B) भारतीय और विदेशी उपग्रहों की आवश्यकताओं को पूरा करने के लिए आवश्यक आधारभूत संरचना है। इसमें 1,00,000 श्रेणी के स्वच्छ कमरे (Clean Rooms), सामग्री वायु तालक कक्ष (Material Air Lock Room), संक्रमण हॉल (Transit Hall) , बैटरी शीतलन प्रणाली, इलेक्ट्रॉनिक सहायक सुविधाएँ और भू-परीक्षण (Ground Checkout) प्रयोगशाला है। इसे अधिकारियों और काम करने वाले समूहों, सम्मेलन सभागृह और सुरक्षित एवं सुदृढ़ संचार के लिए इंटरनेट, इंट्रानेट, और टेलीफोन आदि सुविधाओं के लिए सुव्यवस्थित ढंग से बनाया गया है। प्रमोचन मंचों से उपग्रह परीक्षण (Checkouts) और तैयारी संबंधी सुविधाओं को स्थापित किया गया है।

तकनीकी फोटोग्राफी मुख्यतया केंद्र की विभिन्न फोटोग्राफी, वीडियोग्राफी और उच्च गति फोटोग्राफी की आवश्यकताओं को पूरा करता है। प्रमोचन का 'कवरेज', स्थायी कैमरा नेटवर्क और अनुवर्तन कैमरा नेटवर्क के माध्यम से किया जाता है। ये उच्च गति डिजिटल वीडियो कैमरों, स्थिर अनुक्रम कैमरों और वीडियो कैमरों से सुसज्जित हैं और प्रमोचन परिसर, मीनारों, एवं चयनित इमारतों की छतों के निर्दिष्ट स्थानों पर तैनात किए गए हैं।

मौसम विज्ञान यंत्रीकरण प्रणाली (MET Instrumentation) मुख्यतया मौसम विज्ञान उपकरण, 100 मीटर और 20 मीटर 'मेट मीनार' (MET Tower) यंत्रीकरण, विद्युत् क्षेत्र 'मिल' नेटवर्क, जी.पी.एस. सोंड (SONDE) भू-स्टेशन प्रणालियाँ, और पवन प्रोफाइलर की आवश्यकताओं को पूरा करता है।

(9.2) शार कंप्यूटर सुविधा

यह प्रमोचन की उल्टी गिनती की शुरुआत से लेकर मिशन के उद्देश्यों को पूरा करने तक, लगातार वास्तविक काल आँकड़ों को संसाधित करने के लिए उपयुक्त नेटवर्किंग प्रणाली से युक्त आवश्यक कंप्यूटर हार्डवेयर और सॉफ्टवेयर की सुविधा को स्थापित करता है। यह इंटरनेट, इंटरानेट, वेबकास्टिंग और वाई-फाई की सुविधाएँ प्रदान करता है। प्रमोचन प्रचालन के चार नेटवर्कों को स्थापित किया गया है, जिनके नाम क्रमश: वास्तविक काल नेटवर्क, सुदूर एस.डी.एस. नेटवर्क (वी.एस.एस.सी. के लिए), डी.ओ.एल.-ड्ब्ल्यू. बी. नेटवर्क और उपग्रह भू-परीक्षण नेटवर्क हैं।

कंप्यूटर प्रणालियों को निम्नलिखित उप-प्रणालियों में विभाजित किया जा सकता है—

(क) वास्तविक काल प्रणालियाँ (Real Times Systmes)—

रेंज सुरक्षा (Range Safety) वास्तविक काल प्रणाली, मिशन नियंत्रण केंद्र वास्तविक काल प्रणाली, और विशेषज्ञ प्रदर्शपट प्रणाली (Specialists Display System) वास्तविक काल प्रणाली नामक तीन वास्तविक काल प्रणालियाँ हैं।

'आर.एस.' वास्तविक काल प्रणाली अनुवर्तन और दूरमिति आँकड़ों को अर्जित करता है, आँकड़ों का संसाधन करता है और संसाधित आँकड़ों को आर.एस. प्रदर्शपट पर स्थानांतरित करता है। रेंज सुरक्षा अधिकारी (आर.एस.ओ.) इस डेटा का उपयोग कर उचित निर्णय लेता है। कंप्यूटर निर्दिष्ट मोड (Computer Designate Mode) आँकड़ों को उत्पन्न किया जाता है और अनुवर्तन आँकड़ों की हानि की स्थिति में, लक्ष्य प्राप्ति की सहायता के लिए सभी स्टेशनों को प्रसारित किया जाता है। 'यान प्रक्षेपवक्र जानकारी' को संगणित किया जाता है और उड़ान मापदंड प्रदर्शपट कंसोल्स पर स्थानांतरित करता है।

एम.सी.सी. वास्तविक काल प्रणाली मुख्यत: सभी भू-स्टेशनों की 'स्थिति-आँकड़े', यान एवं उपग्रह के 'जाँच-आँकड़े' अर्जित करता है। संसाधित आँकड़ों का एम.सी.सी. प्रदर्शपट पर प्रक्रिया करता है और प्रसारित करता है। भू-स्टेशनों में अनुवर्तन, दूरमिति, दूरादेश, मास्टर कालन स्टेशन, सी.सी.टी.वी. और स्थायी कैमरा नेटवर्क, मौसम विज्ञान और सेवा सुविधाएँ (यू.पी.एस., एयर कंडीशनिंग, बिजली आदि) शामिल हैं। यह प्रत्येक मिशन के कार्यकारी कंसोल से होल्ड / रिलीज और भू-क्षेत्रों की तैयारी की स्थिति को भी संसाधित करता है और संश्लेषित जानकारी उत्पन्न करता है।

'एस.डी.एस.' वास्तविक काल प्रणाली, यान के दूरमिति आँकड़ों को अर्जित करता है, प्रक्रिया करता है और एस.डी.एस. प्रदर्शपट पर प्रसारित करता है। यान की विभिन्न उप-प्रणालियों के प्रदर्शन पर नजर रखी जाती है और मिशन के शीघ्र-देखने-योग्य (Quick-Look) प्रदर्शन का आकलन किया जाता है। यान की विभिन्न उपप्रणालियों में ठोस मोटर, द्रव इंजन, नौवहन, मार्गदर्शन, नियंत्रण प्रणाली, सेपरेशन प्रणालियाँ आदि शामिल हैं। प्रत्येक वास्तविक काल प्रणाली की देखभाल दो 'सर्वर' के द्वारा की जाती है, जिसको मिशन कंप्यूटर कहा जाता है।

प्रदर्शपट सॉफ्टवेयर, सभी आठ सर्वरों से संसाधित डेटा प्राप्त करने के लिए तैयार किया गया है और

इसीलिए इसको विलय प्रदर्शपट सॉफ्टवेयर (Merged Display Software) का नाम दिया गया है। प्रदर्शपट सॉफ्टवेयर आवश्यक खाका (वर्णमाला, आंकिक, ग्राफिक) के अनुसार आँकड़ों / मापदंडों के प्रारूप बनाता है और विभिन्न पृष्ठों में प्रदर्शित करता है। सर्वर का चयन एस.डी.एस., आर.एस. पृष्ठों और एम.सी.सी. के यान परीक्षण मानीटरन पृष्ठों में स्वचालित है, जबकि शेष एमसीसी पृष्ठों के लिए मैनुअल है।

(ख) वास्तविक समय नेटवर्क—

भौगोलिक दृष्टि से सभी रेंज और दुनिया के विभिन्न भागों में वितरित हौदियों और आँकड़ा-स्रोतों की देख-रेख करने के लिए अत्याधुनिक प्रौद्योगिकी से परिपूर्ण वास्तविक काल नेटवर्क तैनात है। सभी स्टेशनों को दोहरी एफ.ओ. अनुयोजकता (Dual F.O. Connectivity) प्रदान की गई है। 'वान लिंक' (WAN Link) की दो शृंखला के माध्यम से उपयुक्त यान प्रदर्शपट को वी.एस.एस.सी. के लिए भी विस्तृत किया गया है। गीगा इथरनेट नेटवर्क प्रौद्योगिकी का इस्तेमाल किया गया है। विभिन्न नेटवर्क उत्पादों को आवश्यकता के अनुसार तैनात किया गया है।

(9.3) COWAA और DWFS

यह लेखा, वित्त, डी.बी.ए., कुल वेतन भुगतान, क्रय और भंडारण आदि प्रशासन के क्षेत्रों में कागज रहित तरीके से सेवाओं को पूर्ण करने के लिए कंप्यूटरीकृत प्रणाली प्रदान करता है। यह, सुरक्षा अधिकारी द्वारा जारी किए गए प्रवेश अनुमति-पत्रों और प्रमोचन के दौरान आगंतुकों के लिए प्रवेश अनुमति-पत्रों को बनाने के लिए सॉफ्टवेयर विकसित करता है।

(9.4) मिशन उड़ान सुरक्षा विश्लेषण एवं वास्तविक काल आँकड़ा संसाधन

मिशन उड़ान सुरक्षा की दृष्टि से विश्लेषित किया जाता है, और उड़ान सुरक्षा प्रदर्शपट को अंतिम रूप दिया जाता है। अनुवर्तन आँकड़ों के द्वारा यान की स्थिति की जानकारी की तुरंत गणना की जाती है और यान के प्रदर्शन का मूल्यांकन करने के लिए उपयोग किया जाता है। 'आर.एस.ओ.' प्रदर्शपट में कार्य स्टेशन और कंप्यूटर हैं, जो दो शृंखलाओं से आँकड़ों को प्राप्त करते हैं। निर्धारित सीमा से अधिक उड़ान विचलन होने की स्थिति में, विनाश संकेतों को भेजने के लिए 'आरएसओ ढाँचे' में आवश्यक प्रावधान उपस्थित है।

(9.5) रेंज सुरक्षा

रेंज सुरक्षा मुख्यत: उपकरण और कर्मचारी वर्ग की सुरक्षा सुनिश्चित करती है। यह सुरक्षा कार्यक्रमों, निगरानी, प्रशिक्षण अभ्यास इत्यादि प्रक्रिया के द्वारा किया जाता है। अग्नि संरक्षण और अग्नि संसूचन प्रणालियाँ, प्रदूषण निगरानी प्रणाली, श्वसन वायु प्रणालियाँ, कर्मचारी संरक्षण उपकरण आदि कई सुरक्षा प्रणालियाँ उपलब्ध हैं। प्रमोचन अभियान की गतिविधियों और स्थैतिक परीक्षण आदि से संबंधित विशिष्ट गतिविधियों को सुरक्षा निगरानी में ही किया जाता है।

(9.6) मौसम विज्ञान (एम.ई.टी.)

मौसम विज्ञान सुविधा मुख्यत: लंबी अवधि के जलवायु विज्ञान संबंधी मौसम के मापदंडों का औसत रुझान, दैनिक मौसम अवलोकन, और प्रमोचन स्थल पर मौसम का पूर्वानुमान बताता है, जिसे प्रमोचन प्रचालन के विभिन्न चरणों के लिए इस्तेमाल किया जाता है।

एस.डी.एस.सी. शार विभिन्न मौसम विज्ञान अवलोकन प्लेटफार्मों, 100 मीटर और 20 मीटर के 'एम.ई.टी. मीनारों' (MET Towers) के यंत्रों और उपकरणों, हाइड्रोजन या हीलियम से भरे गुब्बारों के उपयोग से ऊपरी सतह की पवन का अवलोकन, पिशारोटी सोंडे (Pisharoty SONDE) (जी.पी.एस.-आर.एस.) का उपयोग करते हुए 40 कि.मी. ऊँचाई तक की पवन के आँकड़ों, स्वचालित मौसम स्टेशनों के नेटवर्क से समय-समय पर मौसम का अवलोकन, 'मिल' नेटवर्क विद्युत् क्षेत्र, की टिप्पणियाँ प्राप्त करने के साथ सुसज्जित है , बिजली के क्षेत्र चक्की नेटवर्क, 50 मीटर यंत्रीकृत मौसम विज्ञान मीनार, छोटी परिसीमा परत मस्तूल (Mini Boundary Layer Mast), सूक्ष्म तरंग विकिरणमापी, प्रकाशिक लेजर डिस्ड्रोमीटर (Optical Laser Disdrometer) और शार एवं चेन्नई के डॉप्लर रडार आदि से सुसज्जित है।

प्रमोचन पूर्वाभ्यास और प्रमोचन के दिन निर्दिष्ट समय पर, डी.डी.एल.-ड्ब्ल्यू.बी. (DDL-WB) के लिए पवन प्रोफाइल उत्पन्न किए जाते हैं।

(9.7) कार्यक्रम प्रबंधन

प्रमोचन अभियान के दौरान, इकाई स्तर की तकनीकी समीक्षा के लिए समन्वय, प्रमोचन अभियान प्रबंधन, आय-व्यय की स्थित (Budget) एवं मानीटरन और सुप्रचालन आधार आदि की आवश्यकताओं का ध्यान कार्यक्रम प्रबंधन के द्वारा रखा जाता है।

10. शार केंद्रीय डिजाइन एवं एडवांस्ड सिस्टम्स ग्रुप (SCEND & ASG)

वर्ष 1982 में शार केंद्रीय डिजाइन (SHAR Central Designs) को IREX, STEX और SPROB जैसी विभिन्न संस्थाओं से डिजाइन, विश्लेषण और ड्राफ्टिंग के क्षेत्रों में उपलब्ध मानव संसाधन को इकट्ठा करके स्थापित किया गया था।

अपनी स्थापना के आरंभ से ही स्कैंड ए.एस.एल.वी. प्रक्षेपण परिसर, प्रथम प्रमोचन मंच (पी.एस.एल.वी. प्रक्षेपण परिसर और जी.एस.एल.वी. मार्क द्वितीय के लिए अनुगामी वृद्धि) और द्वितीय प्रमोचन मंच की वास्तविक स्थापना में शामिल है। रॉकेट के एकीकरण और जमीनी परीक्षण के लिए आवश्यक सुविधाएँ भी स्कैंड द्वारा डिजाइन किए गए थे। विभिन्न विभागों जैसे—वास्ट (VAST), स्प्रोब (SPROB), एल.एस.एस.एफ. (LSSF) आदि में प्रक्षेपण यान के समाकलन के लिए आवश्यक उप प्रणालियों जैसे हैंडलिंग फिक्सचर, टिल्टिंग फिक्सचर आदि का डिजाइन भी स्कैंड में ही किया गया था।

एस.डी.एस.सी. शार की आवश्यकताओं को पूरा करने के अलावा स्कैंड ने अंतर्केंद्रीय कार्यों, जैसे

ISTRAC बेंगलूर के लिए रडार विश्लेषण और डिजाइन, LPSC महेंद्रगिरि के लिए क्रायो परीक्षण की सुविधा आदि जैसे कई कार्यों को सफलतापूर्वक संपन्न किया है।

ऊपर बताई गई परियोजनाओं के अतिरिक्त स्कैंड नई प्रणालियों के विस्तार / उन्नयन / विकास के लिए डिजाइन की आवश्यकताओं को भी पूरा करता है और इसीलिए एडवांस्ड सिस्टम्स समूह (ASG) भी स्कैंड के नाम में जोड़ा गया है।

स्कैंड एंड एडवांस्ड सिस्टम्स समूह नवीनतम तकनीकियों जैसे—विश्लेषण सॉफ्टवेयर्स (ANSYS, STAAD, SOLIDWORKS), ड्राफ्टिंग सॉफ्टवेयर्स (Auto CAD) और मुद्रण की सुविधाओं से युक्त है।

स्कैंड एवं ए.एस.जी. की सेवाएँ—

- **डिजाइन Design**

  यांत्रिक डिजाइन (Mechanical Designs)

  संरचनात्मक डिजाइन (Structural Designs)

- **विश्लेषण Analysis**

  रेखीय स्थैतिक विश्लेषण (Linear Static Analysis)

  स्वतंत्र कंपन विश्लेषण (Free Vibration Analysis)

  गतिशील विश्लेषण (Dynamic Analysis)

  बकलिंग विश्लेषण (Buckling Analysis)

  नान लीनियर विश्लेषण (Non-Linear Analysis)

  रेखीय विस्को इलास्टिक विश्लेषण (Linear Visco-elastic Analysis)

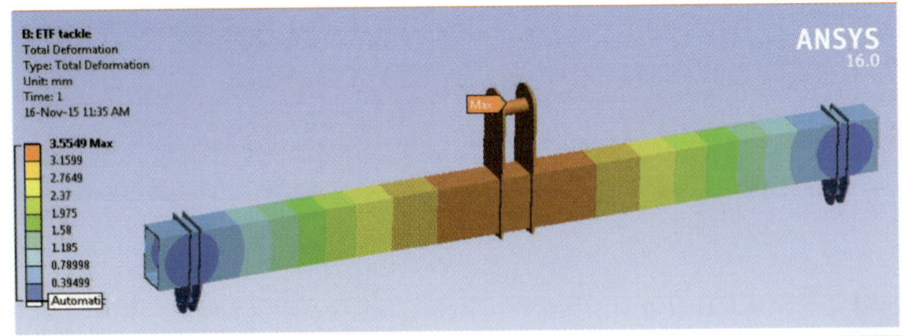

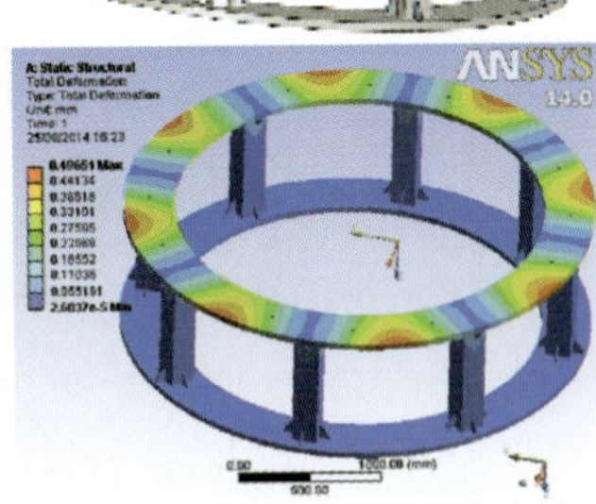

- **ड्राफ्टिंग Drafting**

  डिजाइन ड्राइंग (Design Drawings)

  निर्माण ड्राइंग (Fabrication Drawings)

  असेंबली और कम्पोनेंट ड्राइंग (Assembly and Component Drawings)

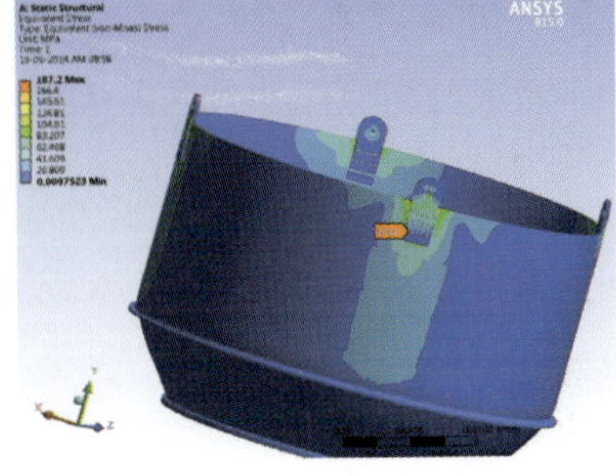

मॉडलिंग और सिमुलेशन (Modeling and Simulation)

Printing and Plotting (मुद्रण और नक्शा बनाना)

11. प्रणाली विश्वसनीयता और सुरक्षा

प्रणाली विश्वसनीयता और गुणवत्ता आश्वासन समूह

एस.डी.एस.सी., शार की प्रणाली विश्वसनीयता और गुणवत्ता आश्वासन समूह, विश्वसनीयता के उच्च स्तर और विभिन्न महत्वपूर्ण प्रमोचन समर्थन के लिए उपयोग की जाने वाली सुविधाओं की उपलब्धता को सुनिश्चित करता है। इसके अंतर्गत ठोस प्रणोदक वाले खंडों का उत्पादन, वाहन एकीकरण और भूस्थित समर्थन प्रणाली से संबंधित सुविधाएँ, जैसे—तरल नोदक चार्ज, रडार, मिशन कंप्यूटर, वास्तविक समय प्रणाली, साफ-सुथरा कमरा और रेंज इंस्ट्रूमेंटेशन आदि शामिल हैं।

इसरो शून्य दोष उत्पादन कार्यक्रम (Zero Defect Delivery Programme) की नीति पर काम करता है। इसको प्राप्त करने के लिए बाहरी विक्रेताओं और तकनीकी कर्मचारियों के साथ मिलकर लगातार प्रयास और विकास किया जाता है। इसके अलावा, समय समय पर गुणवत्ता जागरूकता कार्यक्रम का आयोजन भी किया जाता है, जिसमें गुणवत्ता और विश्वसनीयता के क्षेत्र में युवा इंजीनियरों की भागीदारी के साथ तकनीशियनों को भी प्रशिक्षण दिया जाता है। सतीश धवन अंतरिक्ष केंद्र, शार का प्रणाली विश्वसनीयता समूह बहुत ही कुशल और अनुभवी है। यह समूह प्रत्येक कार्य का बारीकी से विश्लेषण करता है और गुणवत्ता की पुष्टि करता है।

इस केंद्र की प्रणाली विश्वसनीयता (एस.आर.) समूह ने सभी प्रमोचन यान मिशनों की सफलता के लिए बहुत महत्वपूर्ण योगदान दिया। पी.एस.एल.वी. और जी.एस.एल.वी. मिशन की लगातार सफलताओं ने गुणवत्ता की एजेंसियों के सतत प्रयासों के प्रभाव को स्पष्ट रूप से प्रदर्शित किया है। उन्होंने भागों के चयन, स्क्रीनिंग, सर्किट और प्रणालियों और यांत्रिक समुच्चयन, प्रक्रिया सत्यापन, गुणवत्ता की जाँच के व्यापक डिजाइन की समीक्षा और जीवन परीक्षण सहित टी एंड ई के कठोर चक्र करने के लिए प्रणाली को सकारात्मक तरीके से विकसित किया है। इस समूह ने अतीत के अनुभव से सबक सीखने वाले दस्तावेज के सभी मुद्दों पर प्रकाश डालते हुए सीखने का संदेश फैलाने पर जोर दिया है।

सुरक्षा सेवाएँ

अंतरिक्ष कार्यक्रम के दौरान, सभी गतिविधियों को किसी भी दुर्घटना या चोटों के बिना पूरा करने का दायित्व सुरक्षा समूह और उसके अधिकारियों द्वारा सुनिश्चित किया जाता है। सतीश धवन अंतरिक्ष केंद्र, शार में सुरक्षा सेवाओं को अच्छी तरह से स्थापित सुरक्षा प्रक्रियाओं, मानकों और आपातकालीन तैयारियों की योजना के मामले में अप्रत्याशित घटनाओं को रोकने के लिए लागू किया गया है। सुरक्षा निगरानी प्रमोचन अभियान की गतिविधियों के दौरान चौबीसों घंटे उपलब्ध रहते हैं। ठोस प्रणोदक, आग्नेय सामग्री, भंडारण

और ठोस प्रणोदक के परिवहन, पृथ्वी संग्रहणीय प्रणोदक और क्रायोजेनिक नोदक के भंडारण और यान में भराव जैसे महत्वपूर्ण गतिविधियों को एक अच्छी तरह से समन्वित सुरक्षा टीम के नियंत्रण के अधीन किया जाता है। इस केंद्र की सुरक्षा व्यवस्था विश्व-स्तरीय है, जो कि शून्य दुर्घटना स्तर पर कार्य करती है।

सुरक्षा निगरानी निर्माण, एकीकरण, निर्वात परीक्षण, परीक्षण और कंपन, उच्च दबाव परीक्षण, प्रणोदक टैंक के कंपन परीक्षण, उपग्रह के कंपन परीक्षण के गतिशील परीक्षण, विकिरण स्रोतों की सुरक्षा की समीक्षा और ठोस प्रणोदक खंडों के उत्पादन के दौरान व्यक्तिगत तौर पर या फिर सी.सी.टी.वी. की मदद से किया जाता है। सुरक्षा मंजूरी इन सभी गतिविधियों का प्रमुख अंग है।

कठोर सुरक्षा निरीक्षण और जाँच, विभिन्न खतरनाक क्षेत्रों में अभ्यास, सुरक्षा मैनुअल और महत्वपूर्ण कार्यों से पहले आपातकालीन सलाह और सुविधाओं की समीक्षा की तैयारी सुरक्षा विभाग द्वारा किए जाते हैं। शार की सुरक्षा टीम सभी कर्मचारियों के लिए व्यक्तिगत सुरक्षा उपकरण और सुरक्षा से संबंधित वस्तुओं को प्रदान करती है और सुरक्षा के प्रति जागरूकता बढ़ाने के लिए सभी कर्मचारियों के लिए सुरक्षा और अग्निशमन प्रशिक्षण कार्यक्रम का आयोजन करती है। सुरक्षा गतिविधियों के प्रचार को राष्ट्रीय सुरक्षा दिवस के जश्न, अग्निशमन सेवा दिवस, पोस्टर जारी करना, सुरक्षा संगोष्ठी के आयोजन आदि के माध्यम से पूरे वर्ष किया जाता है।

12. निर्माण एवं रख-रखाव समूह (CMG)

अनुचित तरीके से बनाया गया निर्माण, वातानुकूलन और विद्युत् आपूर्ति सुविधा उपभोगकर्ता की सुरक्षा के लिए न सिर्फ खतरा पैदा करता है, अपितु दुर्घटनाओं का कारण भी बनता है। इसका सीधा संबंध मानव के जीवन और संपत्ति के नुकसान के साथ होता है। इसके विपरीत, सुव्यवस्थित निर्माण और उससे संबंधित सुविधाओं का परिचालन सुरक्षित और आसान होता है। उसी प्रकार उचित रख-रखाव भी कम कीमत पर ही विश्वसनीय सुविधाओं के लिए योगदान देता है। निर्माण व रख-रखाव समूह, एस.डी.एस.सी.-शार केंद्र के मुख्य विभागों में से एक है। यह समूह मुख्यत: तीन उप-समूहों—सिविल, वातानुकूलन और विद्युत् संबंधी कार्यों के समाकलन से मिलकर बना है।

निर्माण रख-रखाव

भवनों, इमारतों, कार्यालयों, सड़कों और विभिन्न उपकरणों के बुनियादी आधार/ मंच के निर्माण और रख-रखाव का दायित्व इस समूह पर ही है। इसके अतिरिक्त, प्रमोचन मंचों, प्रमोचन यान के रेल ट्रैक पाथ, जेट डिफ्लेक्टर और संबंधित संरचनाओं आदि का निर्माण और रख-रखाव भी किया जाता है। आवासीय परिसरों का निर्माण और रख-रखाव भी किया जाता है।

वातानुकूलन रख-रखाव

भवनों, इमारतों या कार्यालयों में नियंत्रित वातावरण (ताप, आर्द्रता, हवा का वितरण आदि) और आरामदायक परिस्थितियों के निर्माण में वातानुकूलन रख-रखाव का उपयोग किया जाता है। उपग्रह की विभिन्न सेवाओं के लिए इसे स्वच्छ कमरे में रखा जाता है। इस कमरे का तापमान, स्वच्छता और हवा के आवश्यक मापदंडों का रख-रखाव, वातानुकूलन रख-रखाव के अंतर्गत किया जाता है। इसके अलावा, यान समुच्चयन, ठोस प्रणोदक का उत्पादन, द्रव नोदक भंडारण और हस्तांतरण प्रणाली आदि में इसका उपयोग किया जाता है।

विद्युतीय रख-रखाव

आवासीय, औद्योगिक या व्यावसायिक इमारत के लिए बिजली की आपूर्ति का संरक्षण और उपकरणों का रख-रखाव ही विद्युत् रख-रखाव का उद्देश्य है। सामान्य विद्युत् रख-रखाव के मुख्य क्षेत्रों में आमतौर पर बिजली के आउटलेट और वृद्धि संरक्षक, जेनरेटर और प्रकाश व्यवस्था भी शामिल है। इसके लिए स्रोतों की आपूर्ति और संरचनात्मक अखंडता के साथ ही आंतरिक स्थिरता की जाँच भी करना है। भवनों, इमारतों या कार्यालयों को बिजली की सतत, निरंतर प्रवाह की गारंटी देने के लिए, बिजली के रख-रखाव आमतौर पर कुशल और मान्यताप्राप्त पेशेवरों द्वारा किया जाता है।

13. अन्य सुविधाएँ

उपरोक्त मुख्य सुविधाओं के अतिरिक्त रॉकेट प्रमोचन कार्य में काम आने के लिए सर्वो प्रणाली प्रभाग, अंशशोधन और परीक्षण संयंत्र सुविधा, कार्यक्रम योजना एवं मूल्यांकन समूह, पुस्तकालय एवं प्रलेखन सुविधा, आदि विभिन्न कार्यक्रम को करने में मुख्य भूमिका निभाते हैं। सामान्य सुविधाएँ, जैसे—प्रशासन, लेखा, क्रय एवं भंडार, परिवहन, दूरसंचार, कैंटीन, इंजीनियरी अनुरक्षण, संरक्षण तथा पर्यावरण वन एवं बागवानी इत्यादि आवश्यक सहायता प्रदान करते हैं। इन सभी सुविधाओं से वैज्ञानिक और अन्य कर्मचारी निष्ठा और श्रद्धा के साथ अपनी सेवाओं को कर सकते हैं।

अंतरिक्ष में उपग्रह प्रमोचन यान को प्रमोचित करने की अत्याधुनिक सुविधाएँ शार केंद्र, श्रीहरिकोटा में उपलब्ध हैं। समाज की आवश्यकताओं के अनुसार उपग्रहों की तैयारी करके रॉकेटों के द्वारा उनको निर्धारित कक्ष में प्रमोचित करने की हर क्षमता भारतीय अंतरिक्ष विभाग के वैज्ञानिकों में विद्यमान है।

अष्टम अध्याय

एस.डी.एस.सी.–शार केंद्र से किए जाने वाले संभावित प्रमोचन और उनकी सुविधाएँ

भविष्य में आने वाली चुनौतियों से निपटने और मानव जीवन के निरंतर विकास के लिए हमें हमेशा तत्पर रहना है। इसी उद्देश्य की प्राप्ति और अंतरिक्ष विज्ञान व प्रौद्योगिकी के निरंतर विकास के लिए प्रमोचन यानों, उपग्रहों और उनकी सुविधाओं में लगातार संवर्धन होता रहता है। पुस्तक के इस अंतिम अध्याय में शार केंद्र के भविष्य की कुछ मुख्य संभावित सुविधाओं और प्रमोचनों के बारे में प्रकाश डाला गया है।

(1) द्वितीय यान समाकलन भवन (SVAB)

आने वाले वर्षों में एस.डी.एस.सी. शार में एक द्वितीय यान समाकलन भवन (एस.वी.ए.बी. 'SVAB') को स्थापित किया जा रहा है। सुदूर संवेदी और संचार उपग्रहों की बढ़ती माँग की वजह से प्रमोचन आवृत्ति में वृद्धि हुई है। इस वृद्धि को पूरा करने में, सुविधा रूपांतरण के कारण समय की हानि, मार्क-III प्रमोचन यान के एकीकरण, प्रणोदक के मॉकअप परीक्षण (mockup ट्रायल्स) के कारण यान समाकलन भवन (VAB) की उपलब्धता में अड़चन को दूर करने और समानांतर समाकलन संचालन को सुचारु रूप से स्थापित करने के लिए द्वितीय यान समाकलन भवन (SVAB) सहायता प्रदान करेगा। इसके अतिरिक्त, एस.वी.ए.बी. भविष्य की तृतीय प्रमोचन मंच के लिए प्रमुख यान समाकलन सुविधा होगी। यह वर्तमान में जी.एस.एल.वी. मार्क-II और मार्क-III प्रमोचन यान कार्यक्रम को पूरा करने के लिए और भविष्य में भारी प्रमोचन यान (Heavy Launch Vehicle) आदि की उपयुक्त वृद्धि के लिए समर्थकारी प्रावधान होगा।

भारत के अंतरिक्ष पोर्ट, सतीश धवन अंतरिक्ष केंद्र ने इसरो के प्रमोचन यान द्वारा भेजे गए सभी उपग्रह प्रमोचन यानों की मेजबानी की है। 1993 के पी.एस.एल.वी. मिशन के प्रमोचन के बाद से ही प्रथम प्रमोचन मंच परिचालन के कार्य में है। यह प्रमोचन मंच मंच-पर-एकीकृत (आई.ओ.पी.) की अवधारणा पर आधारित है और मोबाइल सेवा टॉवर को शुरू में केवल पी.एस.एल.वी. के एकीकरण और प्रमोचन के लिए बनाया गया था। इसके बाद जब जी.एस.एल.वी. की कल्पना की गई, तब प्रमोचन मंच को कई पहलुओं में संशोधित और संवर्धित करके वर्ष 2001 में जी.एस.एल.वी. प्रमोचन के लिए तैयार किया गया था।

एक ही जगह पर समाकलन, स्थानांतरण व प्रमोचन (आई.टी.एल.) की अवधारणा के कारण कई यान समाकलन भवनों और प्रमोचन मंचों के होने से प्रमोचन आवृत्ति में वृद्धि का एक अंतर्निहित लाभ लिया

जा सकता है, क्योंकि इसमें यान की तैयारी का काम समानांतर रूप से किया जा सकता है। निम्नलिखित पहलुओं पर विचार के बाद एक और यान समाकलन भवन के मौजूद होने की जरूरत को महसूस किया गया—

1. संचार / दूरसंवेदी उपग्रहों की बहुत माँग है। भविष्य की इन माँगों को पूरा करने के लिए, समानांतर एकीकरण परिचालन द्वारा प्रमोचन आवृत्ति को बढ़ाया जा सकता है और इसके लिए अतिरिक्त यान समाकलन भवन की जरूरत है। एक और यान समाकलन भवन के होने और इसे एक ट्रैक के द्वारा द्वितीय प्रमोचन मंच के साथ जोड़ने से प्रमोचन आवृत्ति में होने वाली वृद्धि को पूरा करने में सुविधा होगी।
2. जी.एस.एल.वी. मार्क–III (अगली पीढ़ी के प्रमोचन यान) के एकीकरण परिचालन में ठोस चरण समाकलन भवन (SSAB) के साथ ही यान समाकलन भवन की भी बहुत जरूरत होगी, जिसके फलस्वरूप पी.एस.एल.वी. और जी.एस.एल.वी. के प्रमोचन में बहुत हद तक कमी हो जाएगी। इसलिए मौजूदा यान समाकलन भवन में निरंतर प्रमोचन गतिविधियों को सुचारु रूप से चलाने के लिए एक अतिरिक्त एकीकरण की सुविधा का होना अति आवश्यक है और साथ ही यह जी.एस.एल.वी. मार्क–III के लिए अतिरिक्त सेवा का कार्य भी करेगी।
3. मौजूदा यान समाकलन भवन को तीनों प्रकार के यानों, अर्थात् पी.एस.एल.वी., जी.एस.एल.वी. मार्क।। और प्रमोचन यान मार्क–III के लिए उपयोग किया जाता है। एक यान से दूसरे यान की सुविधा के रूपांतरण में ही बहुत अधिक समय (लगभग 2 महीना) लग जाता है। इसलिए प्रमोचन गतिविधियों को तुरंत शुरू करके प्रमोचन आवृत्ति के लक्ष्य को प्राप्त करने के लिए एक अन्य यान समाकलन की सुविधा का होना आवश्यक है।
4. ऊपर के तर्क को आगे बढ़ाते हुए, नई सुविधा को तृतीय प्रमोचन मंच से जोड़ा जा सकता है और उसका मुख्य यान एकीकरण सुविधा के रूप में इस्तेमाल किया जा सकता है।

द्वितीय यान समाकलन भवन इस तरह से स्थित है कि यह एक जुड़वाँ रेल ट्रैक के माध्यम से द्वितीय प्रमोचन मंच (SLP) और द्वितीय यान समाकलन भवन दोनों से ही जुड़ा हुआ है। प्रमोचन यान को द्वितीय यान समाकलन भवन में पूर्ण रूप से एकीकृत किया जा सकता है और प्रमोचन के लिए सीधे द्वितीय प्रमोचन मंच पर लाया जा सकता है। यान को ठोस चरण समाकलन भवन या मौजूदा यान समाकलन भवन में आंशिक रूप से एकीकृत करके ऊपरी चरण/ नीतभार का एकीकरण द्वितीय प्रमोचन मंच से करना भी संभव है।

ठोस चरण समाकलन भवन और यान समाकलन भवन के द्वारा मिलकर पूर्ण यान एकीकरण के विपरीत, यह सुविधा जी.एस.एल.वी. मार्क–III के पूर्ण एकीकरण को करने के लिए दोनों सुविधाओं के प्रावधानों से सुसज्जित है।

द्वितीय यान समाकलन भवन, द्वितीय प्रमोचन मंच और मुख्य ट्रैक से एक मोड़ के साथ तृतीय प्रमोचन

मंच के बीच में स्थित होगा। द्वितीय यान समाकलन भवन को मुख्य रूप से प्रमोचन यान के खंडों / चरणों / उप-प्रणालियों को प्राप्त करने, सुविधा के अंदर आवश्यक जगहों पर उन्हें झुकाने (Tilting), मोबाइल प्रमोचन मंच (MLP) पर उन्हें एकीकृत करने, चेकआउट संचालन (चरण स्तर और पूर्ण विस्तार) करने और यान को द्वितीय प्रमोचन मंच से प्रमोचन करने के लिए इस्तेमाल किया जाता है। तृतीय प्रमोचन मंच से प्रमोचन करने के लिए 'एम.एल.पी.' के साथ सहायक नाल टॉवर (AUT) को जोड़ने और पूरी तरह से एकीकृत वाहन के लिए 'एयूटी' से यान को क्रायो आर्म, क्रायो वाले पाइप और अम्बिलिकल को जोड़ने व चेकआउट संचालन की प्रक्रिया को यान समाकलन भवन में किया जा सकता है। इस सुविधा को जी.एस.एल.वी. मार्क-II, मार्क-III प्रमोचन यान (LVM3) और एकीकृत प्रमोचन यान के एकीकरण के लिए बनाया गया है।

इस सुविधा का निर्माण कार्य अपने चरम सीमा पर है। इसको पूरा करने के लिए श्रीहरिकोटा में दिन रात काम किया जा रहा है। वर्तमान समय में इस सुविधा को जल्द-से-जल्द स्थापित करने का प्रयास किया जा रहा है।

(2) तृतीय प्रमोचन मंच

एस.डी.एस.सी. शार केंद्र की आगामी संभावित सुविधाओं में तृतीय प्रमोचन मंच का मुख्य स्थान है। इस पुस्तक में तृतीय प्रमोचन मंच की केवल परिकल्पना को दर्शाया गया है। सतीश धवन अंतरिक्ष केंद्र शार से जी.एस.एल.वी. का प्रथम प्रमोचन 18-04-2001 में किया गया। तत्पश्चात् इस बात की जरूरत महसूस हुई कि मंच पर समाकलन की अवधारणा पर निर्मित प्रथम प्रमोचन मंच में एक ही प्रकार के यान अथवा संरचना में न्यूनतम भेद वाले प्रमोचन यान ही समाकलित किए जा सकते हैं। इसके अलावा, यदि दो प्रकार के प्रमोचन यानों को एक ही मंच पर प्रमोचन के लिए निर्भर होना पड़ा तो प्रमोचन मंच को हुए किसी भी आघात से भारत का प्रमोचन परिदृश्य कई वर्षों तक प्रभावित होगा। इन उद्‌देश्यों से द्वितीय प्रमोचन मंच की परिकल्पना प्रारंभ हुई, जो सन् 2005 में प्रथम प्रमोचन के लिए तैयार हुआ। इस मंच की अवधारणा इस प्रकार की थी कि न केवल प्रथम प्रमोचन मंच की खामियों को दूर किया जा सके, अपितु यह इसरो द्वारा भविष्य में बनाए जाने वाले किसी भी प्रकार के प्रमोचन यानों के समाकलन एवं प्रमोचन के अनुकूल हो। इसलिए 'समाकलन-स्थानांतरण-प्रमोचन' (ITL) की अवधारणा को चुना गया। इससे यह सहूलियत मिली कि प्रमोचन मंच एवं समाकलन इमारत दोनों में साथ-साथ पुनरुत्थान चल सकता था, ताकि अन्य समाकलन इमारतों को कार्य के क्रमानुसार जोड़ कर ज्यादा से ज्यादा तादाद में प्रमोचन यानों का प्रमोचन किया जा सके। इसीलिए ठोस चरण समाकलन भवन (SSAB), जो कि S 200 एवं L110 के समाकलन के लिए मुख्य सुविधा है, उसे वी.ए.बी. से जोड़ा गया है। इस प्रकार संवर्धित पद्धति के बावजूद कुछ कमियाँ हैं, जैसे कि प्रमोचन यान को बाह्य वातावरण में 5-9 दिनों तक छोड़ दिया जाता है। इस दौरान कुछ प्रमुख क्रियाएँ भी की जाती हैं। यदि इस दौरान तूफान के आने की संभावना व्यक्त हो तो

प्रमोचन यान को वापस समाकलन कक्ष में ही लाना पड़ेगा।

भविष्य के संदर्भ में स.ध.अं.कें. शार का परिप्रेक्ष्य यदि देखा जाए तो इसमें कई नवीनतम प्रमोचन यानों एवं मिशन का प्रारूप देखने को मिलता है, जैसे कि—

(i) प्रमोचन संख्या में वृद्धि

(ii) मानव युक्त यानों का प्रमोचन

(iii) अंतरिक्ष में लंबी अवधि के लिए मानव की उपस्थिति

(iv) अंतरराष्ट्रीय सहयोग

(v) पुनरुपयोगी प्रमोचन यान एवं उसकी वापसी की सुविधाएँ इत्यादि।

उपर्युक्त परिकल्पना को ध्यान में रखते हुए तृतीय प्रमोचन मंच का प्रारूप सुनिश्चित किया गया है। इसकी स्थिति प्रस्तुत द्वितीय प्रमोचन मंच से जुड़ी हुई होनी चाहिए, ताकि यानों के समाकलन के पश्चात् द्वितीय अथवा तृतीय दोनों में से किसी भी प्रमोचन मंच से प्रमोचन करना संभव हो। इस मंच की तटरेखा से न्यूनतम दूरी 1 कि.मी. होनी चाहिए ताकि समुद्र के ज्वार या कटाव से संरचनाओं को क्षति न पहुँचे। वहीं मंच की तटरेखा से अधिकतम दूरी 2 कि.मी. ही होनी चाहिए, ताकि यदि मानव युक्त यान प्रमोचन मंच पर किसी कारणवश नष्ट हो जाए तथा क्रू मॉड्यूल उसमें निहित प्रणोद द्वारा ऊपर उठकर समुद्र में गिर जाए और उसकी क्षमता अनुसार जितनी दूर जाकर वह गिरे, उस प्रदेश में समुद्र छिछला न होकर गहरा हो। इस मंच का उन्मुखीकरण ऐसा हो कि ध्रुवीय / भूस्थिर / निम्न भू—किसी भी कक्षा के लिए GSLV MkII, GSLV MkIII एवं अन्य नवीन यान प्रमोचित किए जा सकें। उप प्रणाली संरचना भवनों से निकटता भी जरूरी है।

प्रमोचन मंच का स्थल

किसी भी प्रमोचन मंच के निर्माण में इस प्रकार के खतरे ध्यान में रखना जरूरी है।

(क) नोदक की मात्रा और सुरक्षित प्रक्रम के लिए दूरी

(ख) अत्यधिक ध्वनिक दबाव

(ग) विषाक्तता का खतरा

(घ) प्रणोद अग्नि का गोला

(ङ) मलबे का खतरा

इनमें से पहले दो खतरे सामान्य प्रमोचन से भी संबंधित हैं और अन्य प्रमोचन के समय हुए आघात से संबंधित हैं। मुख्यत: यह असंभव है कि प्रमोचन क्षेत्र की सभी सुविधाओं को सभी प्रकार के खतरों से सुरक्षित बनाया जा सके। इसलिए यान एवं प्रमोचन प्रणालियों में होने वाली दुर्घटनाओं का आकलन करके उनकी संभावना का अनुमान लगाया जाता है। यदि व्यावहारिक दृष्टि से कोई यंत्र प्रमोचन मंच के

अत्यधिक निकट होना अनिवार्य नहीं है, तो उसे कम लागत पर कुछ निर्दिष्ट दूरी पर स्थित किया जाता है। यदि उस यंत्र का निकट होना अनिवार्य है तो अधिक लागत से मजबूत संरचना की जाती है। यदि ऐसी स्थिति हो कि प्रणाली की मजबूत अभियांत्रिकी संभव नहीं है या लागत बहुत अधिक है, लेकिन उसका प्रमोचन मंच के निकट होना अनिवार्य है, तो आघात की स्थिति में जिम्मेदारी ली जाती है। निम्न तालिका में दर्शाया गया है कि कैसी सुविधाओं को किस प्रकार के खतरे होते हैं और उनकी प्रमोचन मंच से औसतन कितनी दूरी होनी चाहिए।

वर्ग	सुविधा	खतरा	
वर्ग–I 100 मी. से कम दूरी	क्रायो शीतलीकरण गृह लोकल नियंत्रण कक्ष	अग्नि गोला का खतरा और नोदक मात्रा के असुरक्षित घेरे में	विशेष संरचना से बना हुआ, ताकि ध्वनिक और वाईब्रेशन को सह सके
वर्ग–II 120 मी के अंदर	ओवरफ्लो कम प्रेशराईजेशन रूम		
वर्ग–II 250 मी. 400 मी. के मध्य	नोदक तथा गैस सर्विस स्टेशन विद्युत् सब स्टेशन ग्राउंड लेवेल रिजरवायर	विषाक्तता का खतरा अग्नि गोले से सुरक्षित	
वर्ग–IV 1000 मी.से दूर	समाकलन इमारतें उप प्रणाली संयोजन सुविधाएँ तकनीकी क्रिया इमारतें	• मल्बे के खतरे के अतिरिक्त अन्य खतरों से सुरक्षित • विषाक्तता का खतरा	
वर्ग–V 600 मी. से दूर	प्रमोचन तथा मिशन नियंत्रण केंद्र	सभी खतरों से सुरक्षित	

यदि यान में प्रमोचन के दौरान कोई खराबी आई तो उसके आवासीय इलाकों में पहुँचने से पहले नष्ट कर दिया जाता है। ऐसे में ईंधन एवं ऑक्सीकारक के मिश्रित होने की वजह से अग्नि के पिंड का निर्माण होता है। इस अग्नि पिंड से होने वाली क्षति इस बात पर निर्भर होती है कि नोदक का प्रकार क्या है, इसकी मात्रा क्या है, इनके मिलन से होने वाली रसायनिक क्रिया में कितने ताप का उत्पादन होगा तथा उस समय उस क्षेत्र में वायु की गति एवं दिशा क्या होगी। इससे यह अंदाजा लगाया गया है कि 400 मी. की दूरी पर यह अग्नि का पिंड लगभग न के बराबर खतरनाक रह जाता है। अत: द्रव नोदन भंडारण गृह प्रमोचन मंच से 400 मी. की दूरी पर स्थित होने चाहिए।

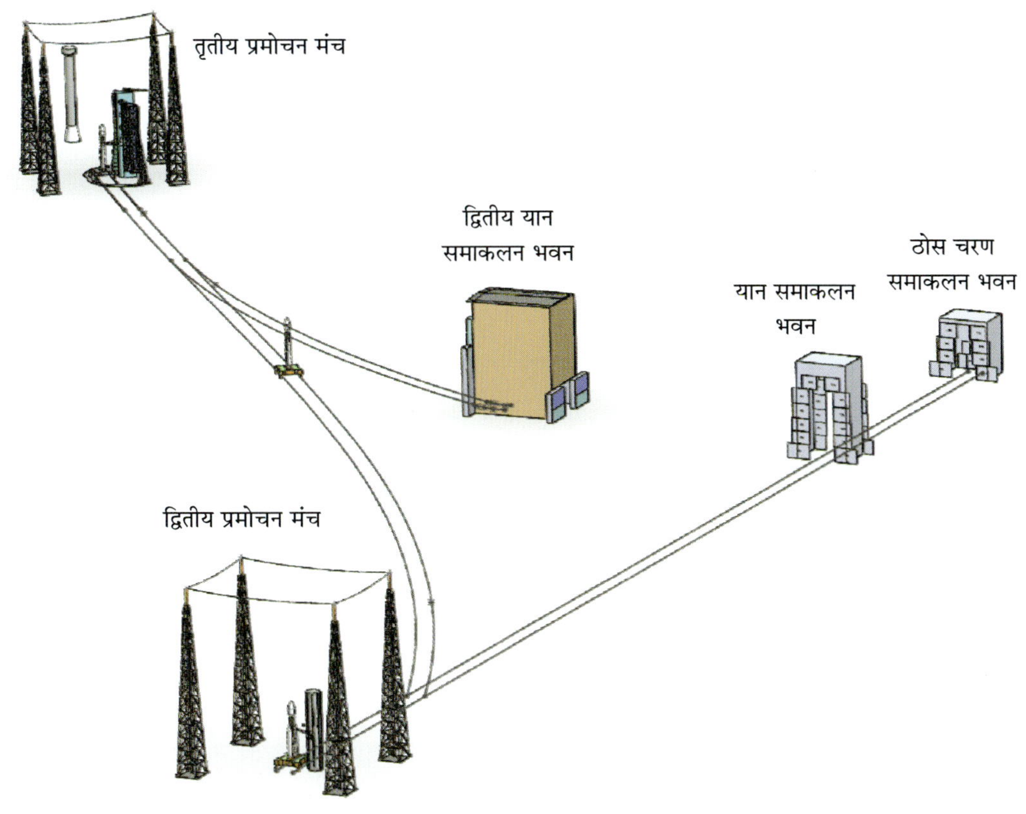

चित्र-1

द्रव भंडारण सुविधाओं की आपसी दूरी विषाक्तता के खतरे की बुनियाद पर तय की जाती है। विस्फोटकों एवं रसायनों के भंडारण तथा स्थानांतरण के लिए बनी तालिका से पता लगाया जाता है कि एक नोदक विशेष के संगत या संगत गैर नोदक रसायन कौन-कौन से हैं। तृतीय प्रमोचन मंच में जो यान प्रमोचित होंगे, उनमें निहित द्रव नोदक की मात्रा निम्न तालिका में दी गई है। भंडारण मात्रा का अनुमान लगाने के लिए प्रमोचन यानों के चरणों में नोदक की क्षमता, भंडारण स्थान से प्रमोचन मंच तक के पाइपलाइन की लंबाई एवं नोदक के वाष्पीकरण नुकसान को ध्यान में रखकर निर्णय लिया जाता है।

यान	चरण	नोदक
GSLV Mk II	L40	UH25
	GS2	N2O4
	C15	LH2, LOX
GSLV Mk III	L110	UH25, N2O4
	C25	LH2, 40X

Unified Launch Vehicle (ULV)	SC 160	RP1, LOX
पुनरुपयोगी द्वि चरण से कक्षा प्रमोचन यान (RLV-TSTO)	SC 500 C 50	RP1, LOX LH2, LOX

समाकलन इमारत—जिसे सेकेंड वी.ए.बी भी कहा जा रहा है, विद्यमान वी.ए.बी. तथा एस.एस.ए.बी से पर्याप्त दूरी पर होना चाहिए, जिससे कि इन तीनों इमारतों में से किसी एक में होने वाले ठोस नोदक संबंधी आघात से कोई दूसरी इमारत क्षतिग्रस्त न हो।

तृतीय प्रमोचन मंच की अत्याधुनिक सुविधाएँ

अब तक श्रीहरिकोटा में दो प्रमोचन मंच उपयोग में हैं। दुनिया के अन्य देशों में भी कई मूलभूत परिवर्तन होते आ रहे हैं। तृतीय प्रमोचन मंच में साधारणतया प्रमोचन के लिए आवश्यक सभी प्रणालियों के होने के बावजूद कई अत्याधुनिक तकनीकों का भी होना जरूरी है। इस सभी सुधारों को तीन चरणों में विभाजित किया जा सकता है—

(क) नवीनतम तकनीकें

(ख) सुविधाओं की संरचना में कुछ बदलाव द्वारा उसे बेहतर बनाना

(ग) मानवीय मिशनों के लिए विशेष संरचनाओं / इमारतों का निर्माण

(घ) अत्याधुनिक / नवीनतम प्रमोचन यानों के लिए विशेष सुविधाएँ तैयार करना

(क) नवीनतम तकनीकें

(i) ऑक्जिलरी अम्बिलिकल टावर : प्राय: यह देखा गया है कि जिस दौरान यान प्रमोचन की अंतिम प्रणालियों से गुजर रहा होता है, तब यदि वर्षा आए तो काम को जारी रखना भी मुश्किल होता है और यान को नुकसान पहुँचने की संभावना को भी नकारा नहीं जा सकता। वहीं 2 दिन से ज्यादा मौसम का पूर्वानुमान सही तरीके से लगाना भी आसान नहीं है। इसलिए तृतीय प्रमोचन मंच में मोबाइल लांच पेडेस्टेल के साथ ऑक्जिलरी अम्बिलिकल टावर, समाकलन कक्ष में ही जोड़ दिया जाएगा, ताकि कई काम इमारत के अंदर ही निपटा लिए जाएँ और यान प्रमोचन मंच पर लांच के केवल दो दिन पहले पहुँचे।

(ii) रीपोजिशनेबल क्रायो भुजाएँ : विभिन्न यानों में क्रायो द्रव नोदन को भरने के लिए भुजाओं का स्तर बदलते रहना पड़ेगा। इन भुजाओं को आक्जिलरी अम्बिलिकल टावर पर स्थित करना होगा।

(iii) वक्र द्वि रेल का यांत्रिक बदलाव : इसरो वि.ए.बी. का तृतीय एवं द्वितीय प्रमोचन मंच तक मार्ग सीधा नहीं है। इसे जोड़ने के लिए जो वक्र द्वि रेल पटरी बनाई जाएगी, उसे यान के स्थानांतरण के समय स्वल्प काल में बदलना होगा। इस प्रक्रिया का यंत्रीकरण एक विशिष्ट काम है।

(ख) सुविधाओं की संरचना में बदलाव द्वारा उन्हें बेहतर बनाना

चित्र–2

(i) **जेट विक्षेपक वाहिनी (JDD) :** इस संरचना से जेट धरातल से होकर रॉकेट की तरफ वापस जाने के बजाए विक्षेपित हो जाता है। यदि यह वाहिनी ऊपर से खुली या द्वितीय प्रमोचन मंच की तरह आधी ढकी हो तो जेट ध्वनि की ऊर्जा नहीं घटेगी। इसलिए तृतीय प्रमोचन मंच में इसे पूरी तरह से ढका हुआ बनाए जाने की संभावना होगी।

(ग) मानवीय मिशनों के लिए विशेष संरचनाओं / इमारतों का निर्माण

(i) **दल आगमन भुजा (crew ingress arm) :** इन वाहक यान तक व्योमगामियों के चलने की भुजा जिसमें शुद्ध वायु, कीटाणु रहित वातावरण का प्रावधान होना चाहिए तथा जिसे लांच से कुछ समय पहले यांत्रिक पद्धति से हटाया जा सके।

(ii) **आपात निकासी रोलर कोस्टर :** किसी भी प्रमोचन संबंधी आपाताकाल में यान से दूर जाने के लिए दल को शीघ्र क्रियाशील रोलर कोस्टर का सहारा लेना होगा। इसमें गति को इतना ही होना है, जिससे कि दल आपातकाल के टल जाने के तुरंत बाद प्रमोचित होने के लिए शारीरिक रूप से सक्षम हो।

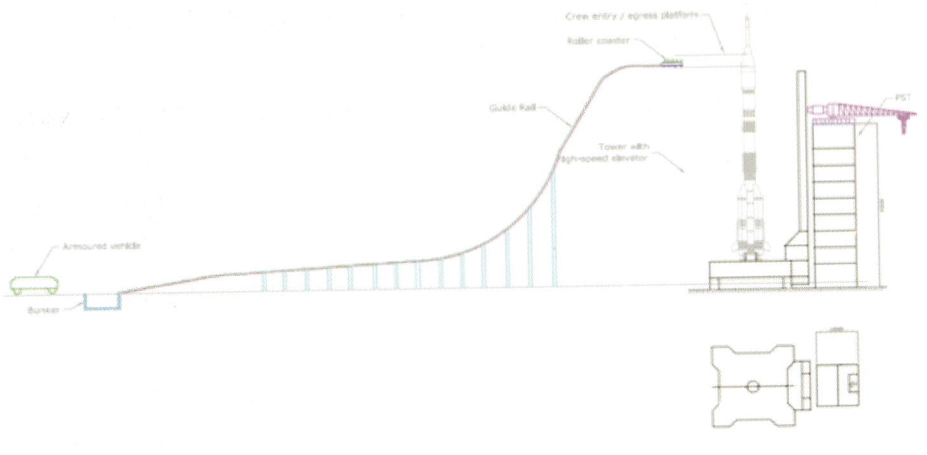

चित्र–3

(iii) बंकर : आपातकाल में दल को सुरक्षित छत्र प्रदान करने तथा प्राथमिक इलाज एवं आराम के लिए विशेष संरचना, प्रमोचन मंच के नजदीक बनी होगी।

(घ) अत्याधुनिक / नवीनतम प्रमोचन यानों के लिए विशेष सुविधाएँ

इनमें से प्रमुख हैं यान के समाकलन के लिए यथासंभव बदलाव करना तथा द्रव ईंधन या ऑक्सीकारक के भंडारण की सुविधाएँ विकसित करना।

अत्याधुनिक सुविधाओं से लैस तृतीय प्रमोचन मंच विश्व के अंतरिक्ष अनुप्रयोगों से संबंधित देशों में भारत को अग्रणी स्थान पर स्थापित करने का एक प्रयास होगा। इससे नवीन मानवीय मिशनों का संचालन भी संभव होगा और प्रमोचन संख्या में वृद्धि के कारण अंतरिक्ष अनुसंधान को भी लाभ होगा।

(3) छोटे उपग्रहों का रॉकेट स्क्रैम जेट रॉकेट द्वारा निम्न भू-कक्षा में प्रक्षेपण

अंतरिक्ष के लिए मौजूदा प्रणोदन प्रणाली में आवश्यक सुधार करके एक आशाजनक विकल्प को प्रस्तुत किया गया है। तेजी से विकसित हो रहे स्क्रैमजेट प्रोद्योगिकी द्वारा वायु प्रणोदक का प्रयोग करके एकीकृत स्क्रैमजेट रॉकेट का उपयोग संभव है। रॉकेट स्क्रैमजेट रॉकेट, एक त्रि–स्तरीय प्रक्षेपण वास्तुकला के रूप में प्रस्तावित किया गया है। इस अध्याय में लगभग 100 किग्रा. के उपग्रहों को वायु प्रणोदक प्रणाली द्वारा पृथ्वी की निचली कक्षा में प्रक्षेपित करने के लिए एक डिजाइन पद्धति को संक्षिप्त रूप में प्रस्तुत किया गया। इसमें वायु गतिकी प्रणोदन और बड़े पैमाने पर एक पुनः प्रयोजित स्क्रैमजेट संचालित सपंख डिजाइन का अध्ययन किया गया है। इस डिजाइन पर आधारित वाहन लगभग 6 मोख संख्या पर उड़ान भरने में सक्षम होती है। जटिल डिजाइन मानकों को सही प्रकार से व्यवस्थित करके स्क्रैमजेट हाइड्रोजन प्रणोदक के प्रयोग द्वारा मोख संख्या को बढ़ाया जा सकता है। इस पत्र में पृथ्वी की निचली कक्षा में पेलोड अंश को अधिकतम करने के

लिए हवा आपूर्ति आधारित एक विन्यास की रूप-रेखा को बेहतर समझ के साथ विकसित करने का प्रयास किया गया है।

इस सहस्राब्दि की शुरुआत में यह भविष्यवाणी की गई थी कि सन् 2010 तक विश्व में प्रक्षेपित सभी पेलोड में से 45 प्रतिशत 500 किग्रा. से कम और लगभग 29 प्रतिशत 100 किग्रा. भार से कम होंगे। सर्वेक्षण द्वारा यह पता चलता है कि छोटे पेलोड के लिए एक विशाल बाजार उपलब्ध है। वर्तमान समय में अंतरिक्ष परिवहन के अधिकतम क्षमता का प्रयोग करके कम द्रव्यमान के उपग्रहों को पृथ्वी की निचली कक्षा में स्थापित करने की माँग अधिक है। दशकों के व्यावहारिक अनुभव द्वारा यह जाना गया है कि रॉकेट आधारित वाहनों द्वारा वर्तमान प्रौद्योगिकी का प्रयोग करके केवल सैद्धांतिक सीमा में बहुत ही कम सुधार की संभावना है। नई प्रणोदन प्रणाली कम लागत का उपयोग करके अंतरिक्ष वाहनों की दक्षता में कुछ और सुधार प्रस्तुत कर सकती है। वायु श्वसन इंजन तथा विशेष रूप से स्क्रैमजेट, सबसे होनहार विकल्प माने जाते हैं। पारंपरिक रॉकेट के विपरीत स्क्रैमजैट संचालित प्रणालियों में ईंधन और ऑक्सीकारक दोनों के लिए अलग प्रणोदक टंकी की आवश्यकता नहीं होती। ये केवल ईंधन टंकी का ही प्रयोग करते हैं, और उड़ान के दौरान दहन के लिए वायुमंडलीय ऑक्सीजन का उपयोग करते हैं। स्क्रैमजेट, रॉकेट प्रणोदन की अपेक्षा विशिष्ट आवेग के संबंध में विशेष लाभकारी होते हैं। तथापि, स्क्रैमजेट संचालन एक रॉकेट प्रणोदक प्रणाली की तुलना में स्वाभाविक रूप से अधिक जटिल हैं तथा इनके लिए एक इंजन एयरफेम एकीकृत वाहन डिजाइन की आवश्यकता होती है। फिर भी विश्व भर की विभिन्न अंतरिक्ष एजेंसियाँ पेलोड भार अंश में वृद्धि का उपयोग करके भविष्य में वायु श्वसन प्रणोदन द्वारा अंतरिक्ष प्रणालियों को विकसित करने में पूर्ण शक्ति का उपयोग कर रही हैं। वायु श्वसन का एक और लाभ अंतरिक्ष के लिए उपयुक्त प्रणोदक के कारण प्रक्षेपण में लचीलापन, बढ़ी हुई प्रमोचन खिड़की तथा अन्य अवसर शामिल हैं। यह लाभ वायु श्वसन प्रणोदक में थ्रॉटलिंग, वायुगतिकीय मोड़ तथा उच्च एल/डी द्वारा उपलब्ध पिच नियंत्रण द्वारा प्राप्त किए जा सकते हैं। इन विमान जैसी परिचालन विशेषताओं का हाल ही में पता चला है तथा अन्य विशेषताओं का पता लगाया जा रहा है।

पृथ्वी की निचली कक्षा के लिए स्क्रैमजेट संचालित प्रणोदक प्रणाली के लाभ—

वायु श्वसन पर आधारित कई प्रक्षेपण यान प्रस्तावित किए गए, जिनमें रॉकेट प्रणोदन के साथ विभिन्न संयोजनों को भी शामिल किया गया है। इनमें से अधिकतम वायु श्वसन को प्रथम चरण में टर्बोजेट/रैमजेट/ स्क्रैमजेट प्रणोदन प्रणाली के साथ प्रस्तुत करते हैं। इस अवधारणा का एक और वैकल्पिक रूप रॉकेट संचालित प्रथम चरण है, जो वायु श्वसन आधारित द्वितीय चरण को शक्ति

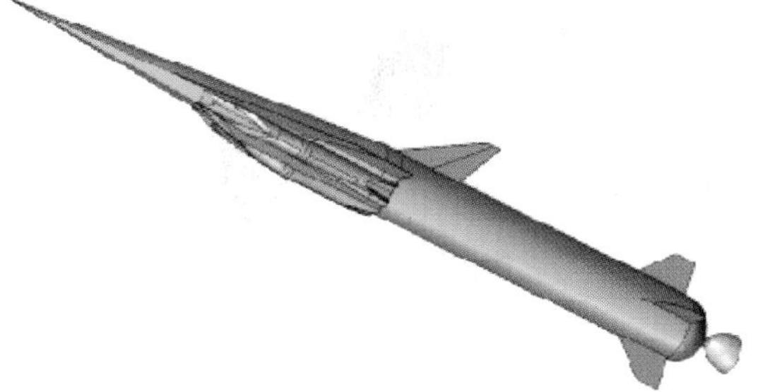

चित्र 4 : छोटे उपग्रहों को रॉकेट स्क्रैम जेट रॉकेट द्वारा निम्न भू-कक्षा में प्रक्षेपण की योजना का रूप

प्रदान करता है, जिससे स्क्रैमजेट प्रज्वलन की स्थिति प्राप्त होती है। रॉकेट संचालित बूस्टर के फायदों को टर्बोजेट/रैमजेट/स्क्रैमजेट संयुक्त प्रणोदन प्रणाली की जटिलताओं को न्यूनतम करने में उपयोग किया जाता है। यह एक तथ्य है कि स्क्रैमजेट प्रणोदक का प्रयोग पृथ्वी की निचली कक्षा के लिए त्वरण प्राप्त करने के लिए मध्य भाग में प्रयुक्त किया जाता है, जबकि इसका विशिष्ट आवेग रॉकेट से बेहतर है। इस स्थिति में स्क्रैमजेट संचालित वाहन एक बड़ी मोख संख्या पर रॉकेट संचालित चरण को पृथ्वी की निचली कक्षा तक अंतिम बढ़ावा देने के लिए कुशलता से काम करता है।

एक योजनाबद्ध स्क्रैमजेट रॉकेट प्रणाली (आर.एस.आर.एल.वी.) की छवि को ऊपर दिखाया गया है।

रॉकेट स्क्रैमजेट रॉकेट इंजन तकनीकी चुनौतियाँ

(क) मिश्रण, प्रज्वलन तथा लौ का स्क्रैमजेट कंबस्टर में एकीकरण

स्क्रैमजेट इंजन के तीन महत्वपूर्ण घटकों में कंबस्टर सबसे विकट समस्याओं को प्रस्तुत करता है। सुपरसोनिक दहन की जटिल घटना में सुपरसोनिक प्रवाहों में ऊष्मा उत्सर्जन, तीव्र मिश्रण तथा झटकों का आदान-प्रदान शामिल हैं। स्क्रैमजेट इंजन का कंबस्टर भीतरी प्रवाह क्षेत्र बहुत जटिल है तथा अनुकूलित ज्यामिति के साथ एक सुपरसोनिक कंबस्टर के डिजाइन और विकास में काफी चुनौतीपूर्ण है। इस घटना में कंबस्टर वांछित रासायनिक प्रतिक्रिया और ऊष्मा उत्सर्जन वायु प्रणोदक के मिश्रण के उत्सर्जन समय के भीतर हो जाता है, जिससे ईंधन और हवा के पर्याप्त मिश्रण का विकास हो सके। इस कार्य को पूरा करने के लिए ईंधन मिश्रण प्रक्रियाओं और सुपरसोनिक मिश्रण के साथ ही आंतरिक दाब की कमी को पूरा करने वाले कारकों का संपूर्ण ज्ञान और उनकी स्पष्ट समझ की आवश्यकता होती है। एक डिजाइनर को निम्नलिखित लक्ष्यों को ध्यान में रखना चाहिए।

1. उत्तम तथा तीव्र गति से ईंधन का हवा के साथ मिश्रण
2. उच्च दहन कुशलता
3. दबाव-हानि को न्यूनतम करना

(ख) एस.डी.एस.सी. शार में स्क्रैमजेट इंजन के परीक्षण के लिए जमीनी परीक्षण सुविधाएँ

स्क्रैमजेट इंजन के विकास के लिए आवश्यक रूप से प्रयोगों की आवश्यकता होती है और इससे जुड़े विभिन्न जटिल क्षेत्रों को स्पष्ट रूप से समझने के लिए परीक्षण सुविधाओं की आवश्यकता होगी। सामान्य रूप से प्रयोग किए जाने वाले उपकरणों में चांप हीटर, सिरैमिक भंडारण हीटर और दहन बर्नर की आवश्यकता होती है, जिससे परीक्षण गैसों का उत्पादन किया जा सके। कुल तापमान, दबाव तथा उत्सर्जन के समय कम दबाव की उपलब्धि एक जटिल समस्या है, जो उच्च मोख संख्या प्राप्त करने के लिए आवश्यक होती है। फ्री विस्टन झटका सुरंगों में उच्च मोख संख्या केवल निम्न अवधि के लिए परीक्षण के उदेश्य से प्राप्त की जा सकती है। सतत संचालन के लिए बहुत बड़ी शक्ति की आवश्यकता

हवा को गर्म करने के लिए होती है, जिससे पारंपरिक स्क्रैमजेट सुविधओं को बहुत ही कम समय के लिए संचालित किया जा सकता है।

(ग) सी.एफ.डी. का उपयोग कर स्क्रैमजेट प्रवाह क्षेत्र का संख्यात्मक अनुकरण

भूमि परीक्षण और अकेले शास्त्रीय तरीकों से हाइपरसोनिक प्रणालियों के डिजाइन के लिए पर्याप्त तथा सटीक डाटा प्राप्त नहीं हो पाता। उसके लिए बारीक तथा एकीकृत प्रकृति के विभिन्न कारकों को परीक्षण क्षेत्र में अनुकरण करने की आवश्यकता होती है। रेनॉल्ड संख्या पर अनुकरण करने में सीमा परत संक्रमण के कारण अधिक कठिनाइयाँ होती है। इसके अलावा, हवा की गुणवत्ता परीक्षण सुविधाओं में अनुकरण के समय कठिनाई पैदा करती है। इस कारण जमीनी प्रयोगों के आधार पर उड़ान के समय प्रदर्शन का अनुमान लगाने की जरूरत होती है। यह केवल जमीनी परीक्षण के परीणामों को पुनः पेश करने के लिए तथा उड़ान की स्थिति की भविष्यवाणी के लिए प्रयोग किया जा रहा है, जो प्रवाह के गणितीय मॉडल का उपयोग करके प्रस्तुत किए जा रहे हैं। एक स्थिर तल पर प्रारंभिक अज्ञात, मॉडल तथा रसायन शास्त्र के आपसी तालमेल द्वारा प्राप्त किए जाते हैं। संख्यात्मक मुद्दों पर एल्गोरिथम का प्रयोग करके नेवियर स्टॉक समीकरणों तथा उनके अन्य समरूप, जैसे शार्प ग्रेडियन क्षेत्र (झटकों के नजदीक) को हल किया जाता है। वाल हीटर की गर्मी के हस्तांतरण दर की भविष्यवाणी एक और कार्य है, जिसे मॉडलिंग विमान तथा संख्यात्मक प्रयोगों द्वारा नियंत्रित करने का काम किया जाता है। गणितीय मॉडलों का एक लाभ यह है कि एक बार मानक होने के बाद इनका प्रयोग बार-बार संख्यात्मक प्रयोगों के लिए किया जा सकता है, जिससे प्रयोगात्मक प्रयास कमतर नहीं आंके जाते हैं, किंतु बेहतर केंद्रित परिणाम प्राप्त होते हैं। यह वास्तव में उच्च गति उड़ानों की समस्याओं का हल करने के लिए वर्तमान दृष्टिकोण है। स्क्रैमजेट इंजन का विकास काफी चुनौतियों से भरा है। इनमें बहुआयामी डिजाइन विश्लेषण मॉडलिंग अनुकरण तथा प्रणाली की अनुकूलता शामिल है। हार्डवेयर का प्रस्तुतिकरण तथा परीक्षण भी उतना ही जटिल तथा बहुआयामी है।

हाइड्रोजन आधारित मिट्टी के तेल को ईंधन की तरह प्रयोग कर स्क्रैमजेट कंबस्टर (स्ट्रट आधारित) का विकास

इस खंड में स्ट्रट आधारित कंबस्टर परीक्षण सुविधा तथा परीक्षण के ब्यौरे की विस्तृत जानकारी, रैम्प कैविटी कंबस्टर तथा मिट्टी के तेल और हाइड्रोजन ईंधन को पायलट की तरह प्रयोग करने का प्रारूप प्रस्तुत किया गया है। एक सैटअप जिसमें हाइड्रोजन वर्णन को ऑनलाइन गैस जेनरेटर सुपरसोनिक गति प्राप्त करने के लिए अक्षीय समरूप संसरत भिन्न कोण को प्रस्तुत किया गया है, उसमें आयताकार वाहिनी का प्रयोग होता है। सुपरसोनिक कंबस्टर के दो भाग हैं, एक स्थिर क्षेत्र पिछड़े ईंधन इंजक्सन के साथ दूसरा अपसारह क्षेत्र कंबस्टर है। त्वरित वायु को न्यूनतम नुकसान के साथ सुपरसोनिक नोजल द्वारा फैलाया जाता है। त्वरित हवा संक्रमण वाहिनी के माध्यम से एक समान प्रवाह प्राप्त करने के लिए कंबस्टर क्षेत्र से निरंतर प्रवाहित की

जाती है। वायुप्रवाह के कुल तापमान तथा कुल दबाव को तापमान सेंसर तथा दबाव ट्रांसड्यूसर के माध्यम से मापा जाता है।

श्वसन आधारित हाइपरसोनिक त्वरक के अवयवों को अनुकूलित करके रॉकेट स्क्रैमजेट रॉकेट प्रक्षेपण यान (आर.एस.आर.एल.वी.) को प्रस्तुत किया गया है। यह एक सामान्य दायरे को प्रस्तुत करता है तथा कई वाहनों के आर्किटेक्चर तथा स्क्रैमजेट प्रवाह पथ के लिए लागू किया जा सकता है। यह प्रस्तावित विन्यास, परीक्षण विधि तथा सी.एफ.डी. तकनीकी का उपयोग कर संख्यात्मक प्रवाह दृश्य भी शामिल करता है। त्रि-स्तरीय प्रणाली के रूप में रॉकेट स्क्रैमजैट रॉकेट का प्रयोग करने के लिए पुनः प्रयोज्य स्क्रैमजेट संचालित सहपंख शंकुवाहन (ड्ब्ल्यू.सी.वी.) अनुकूलन करने के लिए प्रस्तावित किया गया है, जिससे 100 किग्रा. के पेलोड द्रव्यमान को पृथ्वी की निचली कक्षा में स्थापित किया जा सकता है। इस विन्यास में प्रणोदन प्रणाली के उच्च मोख संख्या पर कार्य करने के लिए हाइड्रोजन ईंधन स्क्रैमजेट प्रवाह शामिल है, जिसे प्रक्षेपण यान के सतह तली पर एकीकृत किया जाता है। शीर्ष चरण को द्वितीय चरण के ईंधन के बढ़ने के साथ अलग कर दिया जाता है तथा यह ड्ब्ल्यू.सी.वी. द्वारा रास्ते पर लौटने में मदद करता है। एक अनुकूलन ड्ब्ल्यू.सी.वी. को मोख संख्या 8 तक त्वरित करके लगभग 200 किग्रा. के पेलोड को उठा कर पृथ्वी की निचली कक्षा में स्थापित कर सकता है जिसमें पेलोड द्रव्यमान अंश 2 प्रतिशत तक हो। वाहन काफी कम वजन तथा कम-से-कम खिंचाव वाला होना चाहिए। परंपरागत रॉकेट आधारित वाहनों की तुलना में यह बेहतर प्रदर्शन की उम्मीद बनाता है। यहाँ प्रस्तावित विन्यास अधिक प्रभावी उपयोग के साथ एक बेहतर अनुकूलित समाधान को बढ़ावा देगा, जिसकी प्रदर्शन क्षमता रॉकेट आधारित वाहनों की तुलना में काफी अधिक है। वायु श्वसन आधारित हाइपरसोनिक त्वरक, जैसे आर.एस.एल.वी. विशिष्ट रूप से पृथ्वी की निचली कक्षा में भार स्थानांतरित करने के लिए एक आदर्श उदाहरण है।

(4) सेमी क्रायो नोदन प्रणालियों का विकास

रॉकेट प्रणोदक प्रौद्योगिकी में विकास अंतरिक्ष अन्वेषण की जिज्ञासा का प्रतीक है। सेमी क्रायो परियोजना इसरो की प्रमुख प्राथमिकताओं में एक है, जिसका विकास पहलू शीघ्र पूर्ण होने की संभावना है। सेमी क्रायो परियोजना में सफलता के लिए इसरो को कई तकनीकी बाधाओं को पार करना होगा, जैसे—इंजन का अभिकल्प, सख्त सहनशीलता के साथ जटिल हार्डवेयर का संविरचन तथा उप-प्रणालियों का परीक्षण एवं अर्हता। इसरो के जी.एस.एल.वी.-डी 5 उड़ान के साथ क्रायोजेनिक इंजन की सफलता ने सेमी क्रायो परियोजना की सफलता के लिए इसरो को नई ऊर्जा से भर दिया है।

द्रव नोदक इंजनो का कार्य निष्पादन उच्च होता है तथा इसे अच्छी तरह से नियंत्रित किया जा सकता है। विश्व में आजकल विभिन्न द्रव नोदक इंजनों का प्रयोग किया जा रहा है। निष्पादन क्षमता में वृद्धि के मद्देनजर, सेमी क्रायो नोदक प्रणालियों की आवश्यकता महसूस की जा रही है, जो उच्च विशिष्ट इंपल्स, उच्च घनत्व इंपल्स, पर्यावरण अनुकूल तथा द्रव ऑक्सीजन एवं हाइड्रोकार्बन ईंधन के प्रयोग से

मूल्य प्रभावी अभिवर्धन प्रदान करता है। यह अधिक नीतभार को कक्षा में स्थापित करने में आर्थिक रूप से सहायक होता है।

सेमी क्रायो नोदन में ऑक्सीकारक के रूप में क्रायोजेनिक नोदक द्रव ऑक्सीजन का प्रयोग किया जाता है तथा ईंधन के रूप में प्राकृतिक रूप से उपलब्ध अल्कोहल, किरोसिन, प्रोपेन आदि का प्रयोग किया जाता है। विश्व में पहले विकसित किए गए सेमी क्रायो रॉकेट (जर्मनी का वी 2) में एल.ओ.एक्स-अल्कोहल का प्रयोग करते हुए सेमी क्रायोजेनिक नोदन प्रणाली का उपयोग किया गया था। 1950 के दशक में अमेरिका एवं रूस द्वारा एल.ओ.एक्स/ केरोसिन सेमी क्रायोजेनिक इंजन का भरपूर विकास किया गया। रूस एवं अमेरिका द्वारा उनके कई रॉकेटों, जैसे—एनर्जिया, जेनित, टाइटन, एटलस आदि में सेमी क्रायो प्रौद्योगिकी का प्रभावशाली उपयोग किया गया है।

सेमी क्रायो प्रणोदन के लाभ

पी.एस.एल.वी. एवं जी.एस.एल.वी. इंजन के द्रव चालन में पर्यावरण प्रतिकूल नोदक का प्रयोग होता है, जो हानिकारक होते हैं। इसके कारण दुनिया भर में पर्यावरण अनुकूल नोदक बनाने के प्रयास जारी हैं। क्रायोजेनिक नोदक (द्रव ऑक्सीजन एवं द्रव हाइड्रोजन) का उपयोग करने वाले द्रव इंजन तथा द्रव ऑक्सीजन एवं केरोसिन का उपयोग करने वाले सेमी क्रायोजेनिक इंजन तुलनात्मक रूप से पर्यावरण अनुकूल तथा असंक्षारक होते हैं। ठोस मोटर एवं प्राकृतिक भंडारण द्वारा उपलब्ध नोदक, जैसे—यू.डी.एम.एच. तथा N_2O_4 की तुलना में इसके इंजन का दहन साफ निकास देता है और पर्यावरण अनुकूल है।

क्रायोजेनिक इंजन की तुलना में सेमी क्रायो इंजन कम कुशल है, लेकिन इसके लाभ हैं कि इसमें कम इंजन संरचना, कम जटिलता और ईंधन की कम लागत निहित होती है। सेमी क्रायो प्रणोदन में उच्च घनत्व आवेग होता है। यही कारण है कि यह बूस्टर अनुप्रयोगों के लिए अधिक लाभदायक होता है। सेमी क्रायो प्रणोदन के विशिष्ट आवेग (350 सेकंड) पृथ्वी संग्रहणीय प्रणोदन और ठोस रॉकेट के विशिष्ट आवेग से अधिक है। इन सेमी क्रायो प्रणोदन में 50 प्रतिशत से 100 प्रतिशत तक थ्रॉटलिंग करने की सुविधा है।

सेमी क्रायो इंजन के अंतरराष्ट्रीय परिदृश्य

प्रणोदन प्रणाली कम लागत, मिशन की सुगमता, उच्च विश्वसनीयता, मजबूत दृष्टिकोण और अच्छा प्रदर्शन जैसे कारकों पर आधारित है। उपरोक्त तथ्यों को पूरा करने की क्षमता होने के कारण संगठनों में आजकल इस प्रकार के प्रणोदन प्रणाली वाले हाइड्रोकार्बन इंजनों का इस्तेमाल स्वभाविक हो गया है। वर्तमान में केवल रूस, अमरीका और चीन जैसे देशों का हाईड्रोकार्बन इंजन के उड़ान में अनुभव है। दुनिया का सबसे शक्तिशाली सेमी क्रायो इंजन RD-170 रूस ने बनाया है। अमेरिका ने Saturn-V जैसे रॉकेट में सेमी-क्रायो इंजन का उपयोग किया है।

इसरो की योजनाएँ

सेमी क्रायो इंजन 36000 कि.मी. की ऊँचाई पर भू-समकालिक हस्तांतरण कक्षाओं में भारी उपग्रह को स्थापित करने में प्रमुख भुमिका निभाते हैं। क्रायोजेनिक नोदन वाले प्रमोचन यान दो गुणा अधिक भार को कक्षा में स्थापित कर सकते है। स्वदेशी क्रायोजेनिक इंजन की सफलता के बाद सेमी क्रायोजेनिक प्रणोदन के लिए इसरो आगे की योजनाएँ तैयार कर रहा है। अंतरिक्ष में बेहतर पहुँच बनाने के लिए तथा लागत कम करने के लिए इसरो अब अपने भविष्य के प्रक्षेपण यान में सेमी क्रायोजेनिक प्रणोदक का उपयोग करने की योजना बना रहा है। सेमी क्रायोजेनिक इंजन को यूनिफाइड लांच वाहन (ULV) और पुनः प्रयोज्य प्रक्षेपण वाहन के बूस्टर इंजन के रूप में उपयोग किया जाएगा। सेमी क्रायो इंजन द्वारा संचालित GSLV-MkIII में लगभग अंतरण पाँच टन तक के उपग्रहों को भू-समकालिक हस्तांतरण कक्षाओं में भेजा जा सकता है। इस परियोजना में तरल हाइड्रोजन की जगह मिट्टी के तेल (केरोसिन) को आसानी से संधारित किया जा सकता है।

सेमी क्रायो प्रणोदक के लिए इंजन

इसरो का सेमी क्रायोजेनिक इंजन ईंधन पूर्ण मिश्रण के साथ गैस जनित्र चक्र के आधार पर प्रचालित होता है। इसके मुख्य अवयव हैं, ज्वलन कक्ष, इंजेक्टर तत्व, इंजेक्टर हैड, प्रज्वालक, निकास मैनीफोल्ड, मिश्रण प्रणाली। इस गैस जनित्र चक्र को चुनने का कारण यह है कि गैस जनित्र चक्र इंजन के विकास की अवधि चरण ज्वलन चक्र की अवधि की तुलना में कम है। इसके अलावा, इसकी उप प्रणालियों को पृथक् से अभिकल्पित एवं परिक्षित किया जा सकता है।

केरोसिन क्यों चुना गया—

हाइड्रोकार्बन प्रणोदक विकल्पों में मिट्टी का तेल और प्रोपेन है। इसमें केरोसिन बहुत सस्ता और आसानी से सँभाला जा सकता है। केरोसिन सबसे उच्च घनत्व आवेग रखता है और कॉम्पैक्ट लांचर डिजाइन को सक्षम बनाता है। प्रोपेन जैसे ईंधन का गैसीय रूप हवा से भरा होता है। इससे ज्यादा खतरा होता है। इसरो हाईड्रोकार्बन प्रणोदन में केरोसिन को चुना गया है।

केरोसिन से समस्या

अधूरे दहन के कारण कालिख गठन की संभावना बहुत अधिक है। गैस जेनरेटर की दीवार पर गठित कालिख से ऊष्मा हस्तांतरण कम होता है।

उपाय : नियंत्रित इंजेक्शन द्वारा इस समस्या को कम किया जा सकता है।

कूलेंट चैनल में कोकिंग की वजह से गर्म प्रवाह का प्रतिरोध होता है और चैंबर दीवार की विफलता हो सकती है।

उपाय : थर्मल कोटिंग्स करने से तापमान को कम कर सकते हैं।

ताँबा अयस्क का प्रयोग किए जाने से इसमें गोंद बनने लगता है। भंडारण टंकी, पाइप व फिटिंग, पम्प, वाल्व आदि को स्टेनलेस स्टील द्वारा संविरचित किया जाना चाहिए। पेट्रोलियम आधारित लुब्रिकेंट का उपयोग किया जाना चाहिए।

केरोसिन हेतु संरक्षा

इसका भंडारण क्षेत्र अच्छी तरह से हवादार होना चाहिए तथा ऑक्सीकारकों से दूर होना चाहिए। यह क्षेत्र अत्यधिक गर्मी तथा चिंगारियों से मुक्त होना चाहिए। विस्फोट रहित विद्युतीय उपकरणों का प्रयोग किया जाना चाहिए। स्थैतिक विद्युत् से बचाव के लिए उपकरणों का व्यवस्थित तटस्थीकरण किया जाना चाहिए। अग्निशमन के रूप में फोम के उपयोग की सिफारिश की जाती है। भंडारण टंकी के आसपास उपयुक्त ऊँचाई वाले भंडारण बाँध होना चाहिए। केरोसिन ईंधन सेवा के लिए उपयोग होने वाले वाल्व का उपयोग ऑक्सीकारक के लिए नहीं किया जाना चाहिए।

इनके अतिरिक्त भी कई महत्वपूर्ण अंतरिक्ष कार्यक्रम और उनसे संबंधित सुविधाओं का विकास किया जा रहा है, जिनमें मानव अंतरिक्ष मिशन, चंद्रयान-2 और अन्य अन्तर्ग्रहीय परियोजनाएँ भी शामिल हैं।

इस प्रकार हम निश्चित रूप से कह सकते हैं कि डॉ. विक्रम ए साराभाई और प्रो. सतीश धवन की दूरदर्शी पहल ने इस प्राकृतिक सौंदर्य वाले छोटे से द्वीप को एक विश्व स्तरीय स्पेस पोर्ट में परिवर्तित कर दिया है।

संदर्भ

1. Chapter 4.1 (The Spaceport of India: written by Shri K. Narayana) of India's Space Journey "FROM FISHING HAMLET TO RED PLANET" By P. V. Manoranjana Rao
2. करण, 'प्रणोदन प्रणालियाँ—प्रकार, संभावनाएँ और इसरो दृष्टिकोण' हिंदी में केंद्र स्तरीय तकनीकी संगोष्ठी-2015 : एस.डी.एस.सी. शार, 22 जनवरी, 2015, पृ. 61 एवं 64
3. डॉ. अइनापुरम रामलिंगेश्वर राव, 'अंतरिक्ष यानों के समाकलन तथा प्रमोचन में सतीश धवन अंतरिक्ष केंद्र, शार सुविधाओं का योगदान' हिंदी में केंद्र स्तरीय तकनीकी संगोष्ठी-2015 : एस.डी.एस.सी. शार, 22 जनवरी, 2015, पृ. 104-108
4. ISRO—Annual Report 2015-16
5. http://www.vssc.gov.in/VSSC_V4/index.php/home-for-mars/94-marsorbitermission/1271-navigation
6. http://irnss.isro.gov.in/
7. ज्ञानेश्वर एल निखारे, सूरज कूमार, 'रॉकेट प्रमोचन तकनीक तथा संबधित सुविधाएँ' हिंदी में केंद्र स्तरीय तकनीकी संगोष्ठी-2015 : एस.डी.एस.सी. शार, 22 जनवरी, 2015, पृ. 119-120
8. http://www.vssc.gov.in/VSSC_V4/index.php/mission-profilev
9. http://isro.gov.in/
10. विवेक कुमार खरे, जी. सूर्यनारायण, 'एल.वी.एम. 3 मॉक अप परीक्षण से सीखे गए अनुभव और एल.वी.एम. 3 एक्स मिशन के लिए द्वितीय प्रमोचन मंच की तैयारियाँ' हिंदी में केंद्र स्तरीय तकनीकी संगोष्ठी-2015 : एस.डी.एस.सी. शार, 22 जनवरी, 2015, पृ. 18-27
11. पी. माधुरी, टी. सुब्बा रेड्डी, 'तृतीय प्रमोचन मंच का अवधारणीय परिप्रेक्ष्य' हिंदी में केंद्र स्तरीय तकनीकी संगोष्ठी-201 5: एस.डी.एस.सी. शार, 22 जनवरी, 2015, पृ. 31-37
12. http://dos.gov.in/
13. सूरज कुमार, 'शार की क्रियाकलापों तथा सुविधाओं का संदृश्य' हिंदी में केंद्र स्तरीय तकनीकी संगोष्ठी-2015 : एस.डी.एस.सी. शार, 22 जनवरी, 2015, पृ. 98-103
14. शार केंद्र के आंतरिक स्रोत—भारत का अंतरिक्ष पोर्ट, शार न्यूज, इंट्रानेट आदि।
15. धर्मेंद्र कुमार, डॉ. शंकरन, 'छोटे उपग्रहों को रॉकेट स्क्रैम जेट रॉकेट द्वारा निम्न भू-कक्षा में प्रक्षेपण करने की व्यवहार्यता का अध्ययन' हिंदी में केंद्र स्तरीय तकनीकी संगोष्ठी-2015 : एस.डी.एस.सी. शार, 22 जनवरी, 2015, पृ. 53-60
16. शार केंद्र के आंतरिक स्रोत—पुस्तकालय समाचार एवं लेख आदि।

17. पी.वी.वी.एस. रामाराव, 'सेमी क्रायो नोदन प्रणालियों का विकास' हिंदी में केंद्र स्तरीय तकनीकी संगोष्ठी-2015 : एस.डी.एस.सी. शार, 22 जनवरी, 2015, पृ. 111-113
18. रजत राज, 'उपग्रह प्रक्षेपण यान में प्रणोदन प्रणाली का विकासक्रम' हिंदी में केंद्र स्तरीय तकनीकी संगोष्ठी-2015 : एस.डी.एस.सी. शार, 22 जनवरी, 2015, पृ. 90-91

लेखक का परिचय

श्री अनूप कुमार गुप्ता का जन्म सन् 1982 में इलाहाबाद (उत्तर प्रदेश) में हुआ था। इन्होंने पंडित दीन दयाल उपाध्याय गोरखपुर विश्वविद्यालय (उत्तर प्रदेश) के मदन मोहन मालवीय इंजीनियरिंग कॉलेज से सन् 2003 में यांत्रिक इंजीनियरी में स्नातक की उपाधि प्राप्त की। सन् 2004-05 में इलाहाबाद के बी बी एस इंजीनियरिंग कॉलेज में प्रवक्ता (Lecturer) के पद पर कार्यरत रहे। सन् 2006 में, श्री अनूप कुमार गुप्ता का चयन भारतीय अंतरिक्ष अनुसंधान संगठन में हुआ। लगभग पाँच माह तक विक्रम साराभाई अंतरिक्ष केंद्र, तिरुवनंतपुरम में इसरो प्रवेश प्रशिक्षण कार्यक्रम में भाग लेने के बाद उनकी नियुक्ति श्रीहरिकोटा के सतीश धवन अंतरिक्ष केंद्र—शार, श्रीहरिकोटा में हुई। प्रारंभ के लगभग आठ वर्षों तक वे जी.एस.एल.वी. मार्क-III परियोजना के अंतर्गत एस 200 ठोस प्रणोदक संयंत्र की स्थापना और विकास के कार्यों से संबद्ध रहे। इस दौरान इन्होंने अन्ना युनिवर्सिटी, चेन्नै (तमिलनाडु) से एम.बी.ए. में स्नातकोत्तर की उपाधि प्राप्त की। तदुपरांत सन् 2014 से शार केंद्रीय डिजाइन विभाग एवं एड्वांस्ड सिस्टम्स ग्रुप (SCEND & ASG) में कार्य कर रहे हैं। अनूप कुमार गुप्ता, एस.डी.एस.सी.—शार से संबंधित रॉकेट के प्रमोचन, समाकलन, परीक्षण, ठोस प्रणोदक के उत्पादन व अन्य सहायक प्रणालियों के लिए आवश्यक विभिन्न प्रकार की संरचनाओं के यांत्रिक व संरचनात्मक डिजाइन एवं विश्लेषण के कार्य से संबद्ध हैं। तकनीकी विषयों पर हिंदी लेखन में उनकी रुचि है। विविध संगोष्ठियों में तकनीकी विषयों पर लेख प्रस्तुत किए हैं। पुस्तक के रूप में श्री अनूप कुमार गुप्ता का यह प्रथम प्रयास है।

□□□